KORSIKA
(Frankreich)

W0087927

1993

Hayit Verlag Köln

Was Sie beim Gebrauch dieses Buches wissen sollten

Bücher der Serie „Nützliche Reisetips von A—Z" bieten Ihnen eine Vielzahl von handfesten Informationen. In alphabetischer Reihenfolge klar gegliedert finden Sie die wichtigsten Hinweise für Ihre Urlaubsreise. Querverweise erleichtern die Orientierung, so daß man, auch wenn das Stichwort, beispielsweise „Ferienwohnungen", nicht näher beschrieben wird, jederzeit das ausführlich behandelte Stichwort findet, hier: „Unterkunft". Auf thematisch verwandte Stichworte wird ebenfalls häufig verwiesen. Z. B. sind unter dem Stichwort „Medikamente" folgende Verweise aufgeführt: „Ärztliche Versorgung", „Reiseapotheke", „Apotheken", „Impfungen".

Mit Reiseführern der Serie „Nützliche Reisetips von A—Z" beginnt die umfassende Information bereits vor Antritt Ihrer Urlaubsreise. So erfahren Sie alles von Anreise über Dokumente und Kartenmaterial bis zu Zollbestimmungen. Das Reisen im Land wird erleichtert durch umfassende Darstellung der öffentlichen Verkehrsmittel, Autoverleihe sowie durch viele praktische Tips von der Ärztlichen Versorgung bis zu den (deutschsprachigen) Zeitungen im Urlaubsland.

Die Städtebeschreibungen, die ebenfalls alphabetisch geordnet sind, enthalten die wichtigsten Fakten über die jeweilige Stadt, deren Geschichte sowie eine Beschreibung der Sehenswürdigkeiten. Zusätzlich enthalten die Städte-Kapitel eine Fülle an praktischen Tips — von Einkaufsmöglichkeiten, Restaurants, Unterkünften bis zu den wichtigsten Adressen vor Ort. Doch auch das Hintergrundwissen für die Reise kommt in dieser Serie nicht zu kurz. Wissenswertes über die Bevölkerung und ihre Kultur findet sich ebenso wie über die Geographie, die Geschichte, die aktuelle politische Lage und die wirtschaftliche Situation des Landes.

Als besonderen Leserservice bieten die Bücher der Reihe „Nützliche Reisetips von A—Z" Preisangaben in harter Währung, so daß Sie sich in Ländern mit hoher Inflationsrate eine bessere Übersicht verschaffen können. Alle im Buch genannten Preise wurden in Deutsche Mark umgerechnet.

KORSIKA

Die Deutsche Bibliothek — CIP-Einheitsaufnahme
Petzoldt, Angelika:
Korsika (Frankreich) / [Autorin: Angelika Petzoldt]. - Köln : Hayit, 1993
   (Nützliche Reisetips von A-Z)
   ISBN 3-89210-550-2
NE: HST

1. Auflage 1991
2. überarbeitete und erweiterte Auflage 1993
ISBN 3-89210-550-2

© copyright 1991, 1993, Hayit Verlag GmbH, Köln
Autorin: Angelika Petzoldt
Redaktionelle Mitarbeit: Anne Winterling
Bearbeitung der 2. Auflage: Wolfgang Schwartz
Satz: Hayit Verlag GmbH, Köln
Druck: Weppert, Schweinfurt
Fotos: Ludwig März, Klaus Thiele
Karten: Ralf Tito

2.3/12.2/Hu/Wa//Gj

Inhalt

Ortsverzeichnis

Allgemeine Informationen

Ärztliche Versorgung

Die ärztliche Versorgung auf Korsika ist gut. In den touristischen Zentren gibt es Ambulanzen und Erste-Hilfe-Stationen, die aber nicht ständig besetzt sind.

Die Organisation für Notärzte und Krankenwagen heißt S.A.M.U. Der Notruf ist von allen öffentlichen Telefonzellen aus kostenlos, die Notrufnummern sind jeweils angegeben. Krankenhäuser (französisch: hôpital) gibt es in Ajaccio, Bastia, Calvi, Corte, Porto-Vecchio und Sartène.

Im Notfall den Arzt über die Hotel- oder Campingplatzrezeption rufen lassen.

Auslands-Krankenscheine der Krankenkassen in Deutschland, Österreich und der Schweiz werden von der französischen Sozialversicherung anerkannt, allerdings nur, wenn diese bei dem französischen Versicherungsträger vor der Behandlung gegen einen entsprechenden Berechtigungsschein umgetauscht werden. Die Ärzte sind zur Annahme nicht verpflichtet, vor allem nicht bei Besuchen im Hotel. Manchmal muß bar gezahlt werden. Wenn kein akuter Notfall vorliegt, ist es besser, zur Ambulanz zu gehen, statt den Arzt zu sich zu rufen, da dies zwischen 50 und 250 DM kosten kann. Auf jeden Fall Quittungen für die ärztliche Behandlung und die Medikamente aufheben und nach Beendigung der Reise bei der Krankenkasse einreichen. Je nach Versicherung werden die Beträge anteilmäßig zurückerstattet. Genaue Auskunft sollte vor Reiseantritt bei der Kasse eingeholt werden. Für alle Fälle empfiehlt sich eine Reisekrankenversicherung, die alle entstehenden Kosten abdeckt. Die Kosten betragen für 14 Tage pro Person ca. 65 DM.

Sehr viele Ärzte auf Korsika sprechen Englisch, allerdings sprechen nur wenige etwas Deutsch.

→*Jeweilige Ortschaft, Apotheke, Krankenschein, Notfall, Versicherungen*

Ajaccio

Ajaccio ist eine quirlige, hektische, aber freundliche Hafenstadt an der Westküste Korsikas. Sie erinnert in ihrer Anlage an ein Amphitheater und liegt am malerischen, breiten Golf von Ajaccio.

Mit knapp 50.000 Einwohnern ist sie die zweitgrößte Stadt der Insel und Präfektur der Provinz Corse du Sud. Die Stadt ist gleichzeitig wichtiges Wirtschafts- und Handelszentrum und durch den immer hektischen Betrieb im Hafen nicht unbedingt der ideale Ort für einen beschaulichen, geruhsamen Urlaub. Einen Besuch ist die historische Stadt auf jeden Fall wert, zumal sie verkehrsgünstig per Bahn, Auto oder Bus zu erreichen ist. Die Stadt bietet ein reichhaltiges Angebot an Geschäften, Märkten und Boutiquen und darüber hinaus ein Vergnügungs- und Unterhaltungsangebot jeglicher Couleur zu fast jeder Tages- und Nachtzeit. Hier lebt man im Freien, Geschäfte werden im Straßencafé oder im Schatten eines Baumes abgeschlossen, und irgendwo ist in der lauten Stadt auch Platz für das nur scheinbar geruhsame Bocciaspiel der jungen und alten Männer. Lebensfreude und Träumerei beherrschen das Straßenbild, daneben herrscht rege Geschäftigkeit. Es scheint, daß die ganze Stadt auf Urlaub ist. Aber die Betriebsamkeit auf den Straßen und in den Geschäften zeigt deutlich genug, daß Arbeit hier ernst genommen wird. Am besten läßt sich die Stimmung, wie überall auf der Insel, gegen 17 Uhr zur „Pastisstunde" einfangen, wenn sich die Insulaner statt Kaffee oder Tee ihr grünliches Lakritzwasser, den Pastis, schmecken lassen. Am Abend macht es viel Spaß, die breiten Boulevards entlang zu flanieren, und die zahlreichen typischen Restaurants verführen zu einem der hervorragenden, wenn auch viel zu teuren Fisch- oder Langustengerichte.

Ajaccio / **Geschichte**

Ihre geschichtliche Bedeutung erhielt die Stadt bereits zur Zeit der alten Römer, die ihrer Siedlung den Namen Adjacium gaben, was so viel heißt wie „Ruheplatz"; daraus soll später der Name Ajaccio entstanden sein. Die Genuesen gründeten Ende des 15. Jahrhunderts an derselben Stelle eine neue Siedlung, die 1533 vom korsischen Freiheitskämpfer Sampiero Corso zurückerobert und der französischen Krone unterstellt wurde. Nachdem die Herrschaft über die Stadt noch einige Male gewechselt hatte, wurde die gesamte Insel im Jahr 1769 endgültig französisch. Im selben Jahr wurde der wohl bekannteste Sohn der Insel in Ajaccio geboren: Napoleon Bonaparte, der spätere französische Kaiser. Unter ihm wurde Ajaccio 1811 Départements-Hauptstadt Korsikas. Hier kann man heute auf seinen Spuren wandeln, und die Erinnerung an ihn wird in vielen Monumenten und Museen erhalten. Der Napoleon-Kult in Ajaccio treibt zum Teil seltsame Blüten, besonders wenn er als „Magnet" für Touristen dienen soll. So werden z. B. „Napoleon-Burger" im Schnellimbiß am Bahnhof oder Marzipanfiguren im Schaufenster einer Konditorei angeboten.

Ajaccio / **Sehenswürdigkeiten**

Bei einem Besuch der Stadt geht man am besten von der **Place Maréchal-Foch** in der Nähe des Hafens aus, in dessen Umgang sich die meisten Hauptsehenswürdigkeiten befinden. Alles ist zu Fuß leicht erreichbar, viele schattige Straßencafés bieten sich für kurze Erfrischungspausen zwischen den einzelnen Besichtigungspunkten an. Parkplätze und Parkhäuser befinden sich in der Nähe des Hafens. Sehenswert sind neben den zahlreichen Museen die Kathedrale mit dem Taufbecken Napoleons in der Rue Forciolo-Conti. Den schönsten Ausblick auf die Stadt bietet sich dem Besucher von der Spitze der Hafenmole Jetée de la Citadelle aus.

Die Place Maréchal Foch liegt nicht weit vom Hafen, dem Mouillage de la Ville, entfernt. Auf dem platanen- und palmengesäumten Platz trifft man auf den marmornen, berühmten Sohn von Ajaccio: Als Erster Konsul thront Napoleon auf dem Vier-Löwen-Brunnen und blickt auf das Meer. Links neben der Marmorstatue, in einer erleuchteten Hausnische, ist die Schutzheilige der Stadt, die *Madunuccia,* aufgestellt.

Nördlich des Platzes befindet sich das Rathaus mit dem *Napoleon-Museum,* dahinter die *Fischhalle* und der Square César Campinchi, auf dem jeden Tag Markt gehalten wird.

Geht man von der Place Maréchal-Foch aus den Quai Napoléon hinunter, gelangt man zur *Citadelle.* Die auf einer felsigen Halbinsel gelegene und 1563 erbaute Festung kann zwar nicht besichtigt werden, aber dennoch lohnt sich ein Spaziergang wegen des phantastischen Blickes auf Ajaccio, den man von hier aus genießen kann.

Von dort aus kommt man über den Boulevard Danielle Casanova in die malerische *Altstadt,* die westlich von der Place Général de Gaulle begrenzt wird. Hier ist der barocke Marmorbau der *Cathédrale Notre Dame de la Miséricorde* in der Rue Forcioli Conti ebenso sehenswert wie das Geburtshaus Napoleons, die *Maison Bonaparte* in der Rue St. Charles. In der Kathedrale ist das weiße Marmorbecken zu bewundern, über dem auch Napoleon getauft wurde. Außerdem erwähnenswert sind der prächtige Altar, ebenfalls aus weißem Marmor, und das von Eugène Delacroix geschaffene Marienbild in einer der Kapellen. Die Maison Bonaparte stammt aus dem frühen 17. Jh., und ihre Fassade unterscheidet sich im Grunde nur durch das Familienwappen und eine Inschrift, die an die Geburt Napoleons im Jahre 1769 erinnert, von den umliegenden Häusern. Zu sehen gibt es u. a. das Schlafzimmer und den Salon der

Madame Letizia, der Mutter Napoleons. Öffnungszeiten: täglich außer Sonntag und Montag nachmittags von 10 bis 12 und 14 bis 17 Uhr (Preis: 16 FF, mit Ermäßigung 8 FF).

Von hier aus bietet sich ein kleiner Spaziergang auf der Uferpromenade, dem Boulevard Lantivy, an. Von der Strandpromenade gelangt man dann, zwischen dem Casino und dem Palais des Congrés hindurch, auf die Place Général de Gaulle, von der man einen schönen Ausblick auf den Golf von Ajaccio hat. Und wie könnte es auch anders sein: Auch auf diesem Platz steht wieder ein Denkmal des französischen Kaisers Napoleon; dieses zeigt ihn allerdings als römischen Imperator hoch zu Roß mit seinen vier Brüdern als Fußvolk um ihn herum. Weiter geht es auf den Spuren Bonapartes, wenn man dem Cours Grandval und dessen Verlängerung, die Avenue Général Leclerc, in westlicher Richtung folgt. Am Ende der Avenue liegt die Place d'Austerlitz, wo der Kaiser mit Dreispitz und Mantel auf einem pyramidenförmigen, begehbaren Sockel den Golf von Ajaccio überblickt. Neben dem einschüchternden Denkmal befindet sich die *Napoleon-Grotte*, in der sich Klein-Napoleon seinerzeit gern getummelt haben soll.

Geht man denselben Weg wieder zurück, mündet hinter der Place Général de Gaulle in nördlicher Richtung der Cours Napoléon, Prachtstraße und chaotische Hauptverkehrsader der Stadt. Für einen Spaziergang bietet sich daher eher ihre Parallelstraße an, die Rue Cardinal Fesch, die von der Place Foch abgeht. Die Straße begrenzt das alte, verwinkelte Hafenviertel „U Borgu" und lädt mit seinen vielen kleinen Geschäften und Restaurants zum Bummeln ein. An ihrem Ende liegt die *Chapelle Impériale* (Kaiserliche Kapelle), die Napoleon III. im klassizistischen Empire-Stil als Grabkapelle der Familie Bonaparte erbauen ließ. Öffnungszeiten: täglich außer Sonntag 9-11 und 14-17 Uhr.

Museen: Hinter der Kaiserlichen Kapelle steht der *Palais Fesch,* ebenfalls unter Napoleon III. erbaut. In ihm ist das *Musée Fesch* untergebracht, das die Kunstsammlung des Kardinals Fesch, des Stiefonkels von Napoleon, beherbergt. Im Museum ist eine Gemäldesammlung italienischer Meister vom 14. bis zum 18. Jh. ausgestellt, darunter befinden sich z. B. Werke von Botticelli und Tizian. Öffnungszeiten: 9.30-12 und 14-18 Uhr; Preis: 25 FF, ermäßigt 15 FF.

Das *Musée Napoléonien* befindet sich im 1. Stock des Rathauses (Hôtel de Ville), direkt an der Place Maréchal Foch. Zu besichtigen sind die Totenmaske und diverse persönliche Dokumente Napoleons, außerdem Ge-

AJACCIO

Jétée des Capucins

N

0   100 m

Fesch

Cours Napoléon

Cardinal

Bd. du Roi Jérôme

Quai l'Herminier

1

2

4

Rue Serg. Casalonga

Rue

10

R. M. d'Ornano

Rue du Gén Florella

3

Pl. Maréchal Foch

12

Av. du 1er Consul

Cours Napoléon

5

Cours Grandval   Av. de Paris

zur Place d'Austerlitz

Pl. Général
de Gaulle

11

Pl. Letizia

8

Quai Napoléon

Jétée de la
Citadelle

P

Rue St-Charles

7

6

9

D. Casanova

Citadelle

Boulevard

Rue Forcioli-Conti

Bd.

Lantivy

Pl. Spinola

Legende

1. **Musée Fesch**
2. **Chapelle Impériale**
3. **Musée Napoléonien /
   Rathaus / Touristeninformation**
4. **Post**
5. **Polizei**
6. **Palais des Congrès**
7. **Casino**
8. **Maison Bonaparte**
9. **Cathédrale
   Notre Dame de la Miséricorde**
10. **Markt mit Fischhalle**
11. **Standbild Napoléon et ses quatre frères**
12. **Statue du 1er Consul**

mälde und Mobiliar der Familie Bonaparte sowie eine Münz- und Ordenssammlung. Öffnungszeiten: täglich außer Sonntag 9-12 und 14-17 Uhr. Preis: 2 FF.

Das *Musée du Capitellu* auf dem Boulevard Danielle Casanova, 18 zeigt Alltagsszenen von Ajaccio aus dem 18. und 19. Jh. Öffnungszeiten: täglich außer Sonntag nachmittag und Montag vormittag 10-12 und 14-19 Uhr.

Im *Musée d'Histoire Militaire Corse* in der Rue Général Levie, 1 (hinter der Präfektur) befindet sich eine lückenlose Retrospektive der bewegten Vergangenheit Korsikas. Neben einer Ausstellung, die ausschließlich der Seefahrt gewidmet ist, gibt es eine interessante Waffen- und Uniformsammlung, historische Rekonstruktionen, Modelle, Münzen u.v.m. Öffnungszeiten im Sommer: täglich 10-12 und 14-19 Uhr.

Ajaccio / **Praktische Informationen**

Autovermietung: Avis 3, place de Gaulle, Tel. 95.21.01.86; Corscar, Flughafen, Tel. 95.22.65.65; Europcar, Flughafen, Tel. 95.23.18.73 und 16, cours Grandval, Tel. 95.21.05.49; Milleville, Flughafen, Tel. 95.23.22.19 und Quartier St. Joseph, Tel. 95.22.27.68.

Bahnhof: Tel. 95.23.11.03,
Verbindungen nach Corte, Ponte Leccia, Bastia, Calvi.

Banken: Caisse d'Epargne et de Prévoyance, 9, cours Napoléon, Tel. 95.21.11.13.

Banque de France, 8, rue de Sergent Casalonga, Tel. 95.21.00.05.

B.M.D., résid. Diamant, bd. Lantivy, Tel. 95.21.34.75.

B.N.P., av. du 1er-Consul, Tel. 95.22.07.90.

Banque Populaire Provençale et Corse, 6, av. Antoine-Sérafini, Tel. 95.21.49.85.

Crédit Agricole, 1, av. Napoléon-III, Tel. 95.22.50.44.

Crédit Lyonnais, place Général-de-Gaulle, Tel. 95.21.51.26.

Société Générale, 4, rue Sergent-Casalonga, Tel. 95.21.41.30.

Busbahnhof: Tel. 95.21.28.01. Regelmäßige, z. T. täglich mehrere Verbindungen zu den unmittelbaren Nachbarorten. Fernverbindungen täglich mit allen Orten.

Bahnhof: Tel. 95.23.11.03. Regelmäßige Verbindungen nach Calvi, Corte und Bastia. →*Bahnverbindungen*

Bootsausflüge: halbtägige Ausflüge zu den Iles Sanguinaires, vormittags von 9 bis 12 Uhr und nachmittags von 14.30 bis 17.30 Uhr. Preis pro

Person ca. 18 DM. Auskunft und Buchung über die „Bar du Golfe" an der Anlegestelle, Tel. 95.21.06.95.

Cabarets und Pubs: „Au son des guitares", rue du Roi de Rome.

„U-Burgu", 1, rue des Halles.

„Le Pavillon Bleu", av. du Général Leclerc.

Camping: „Barbicaja", sehr nobel, route de Sanguinaires, Tel. 95.52.01.17; „Les Mimosas" an der route d'Alata, Tel. 95.20.99.85.

Einkaufen: Ajaccio hat den Ruf, die „teuerste Stadt Frankreichs" zu sein. Kunsthandwerkliche Arbeiten in der „Maison de l'Artigiani" in der rue Notre-Dame, 9. Dieses Geschäft gehört neben anderen zur Vereinigung der Förderung korsischer Handarbeit und Folklore.

Fährschiffe: Corsica Ferries: 18, bd. du Roi de Rome, Tel. 95.21.36.98. Verbindungen Ajaccio — Genua — Ajaccio.

S.N.C.M. Fähre: quai l'Herminier, Tel. 95.21.90.70.

Autofähren nach Marseille und Nizza, in den Sommermonaten auch nach Porto Torres auf Sardinien. →*Fähren*

Fahrrad- und Motorradverleih: „Corsica Loisirs" am Quai de la Citadelle (Tel. 95.21.49.84) oder bei „Vivre la Corse à Velo" im 23c Gal Leclerc (Tel. 95.21.96.94).

Rout 'Evasion, avenue Noel-Franchini, Tel. 95.22.72.87.

Gendarmerie: Tel. 95.23.20.36.

Hotels

Preis pro Tag und Zimmer zwischen 30 und 60 DM:

„La Pergola", 25, av. Colonel Colonna d'Ornano, Tel. 95.23.36.44, zentral gelegen, sehr klein, sehr einfach, ziemlich laut, aber sauber.

„Creste Mare", route des Sanguinaires, Tel. 95.21.66.63; in der Nähe des Zentrums an der Küste, die allerdings nicht zum Baden geeignet ist. Ca. 80 Zimmer, einfach aber zweckmäßig.

„Marengo", 2, rue Marengo, Tel. 95.21.43.66; etwas abseits des Zentrums gelegen, mit guter Busverbindung. Strandlage. Freundlich und sauber. Auch für Körperbehinderte gut zugänglich.

Preis pro Tag und Zimmer zwischen 60 und 100 DM:

„Stella di Mare", route des Sanguinaires, Tel. 95.52.01.07; etwas außerhalb am Strand gelegenes 2-Sterne-Hotel mit Pool, Tennisplatz und Restaurant. Gute Busverbindung in die Stadt. Auch für Körperbehinderte geeignet.

„Bella Vista", bd. Lantivy, Tel. 95.21.07.97, am sehr schönen Stadtstrand in der Nähe der Citadelle gelegen. Freundlich und sauber.

Preis pro Tag und Zimmer zwischen 100 und 250 DM:

„Hotel Fesch", 7, rue Cardinal-Fesch, am Strand in der Nähe von Napoleons Geburtshaus, Casino.

„Eden Roc", route des Iles Sanguinaires, Tel. 95.52.01.47, Privatstrand, großer Garten mit Pool, Pianobar, alle Zimmer mit TV, Klimaanlage und Meerblick.

Information: Office du Tourisme, Hotel de Ville, place Maréchal Foch, 20000 Ajaccio, Tel. 95.21.40.87.

Krankenhaus — Notarzt: av. Impératrice-Eugénie, Tel. 95.21.90.90.

S.A.M.U. — Notarzt, Tel. 95.21.50.50.

Mofa-Vermietung: D.L.M.C., am Flughafen, Tel. 95.20.14.15.

Polizei: Tel. 95.23.20.36.

Post: am cours Napoléon im Zentrum.

Restaurants: „Les Palmiers", 3, place Foch. „Pardi", 60, rue Fesch. „Au plat d'Or", 1, rue Ottavy, gegenüber der Post. „Chez Pietri", 59, rue Fesch. „Pardi", 60, rue Fesch.

Reiten: Pony-Club d'Ajaccio, M. Christian Perrier, Centre de Randonnées Equestres, route de Sartène, Tel. 95.23.03.10.

Eperon de Zalla, Sarrola-Carcopino, M. Alex Silvani, 20000 Ajaccio, Tel. 95.21.47.86.

Cercle Hippique Ajaccion, M. Tomasi, route de Campo dell'Oro, 20000 Ajaccio, Tel. 95.22.16.22.

Strände: sehr schöner, langer, sauberer Sandstrand zwischen der Stadt und dem Flughafen sowie dem Boulevard Lantivy.

Es gibt auch schöne, saubere Felsbuchten zum Sonnen und Baden.

Taxis: Station place Foch, Tel. 95.21.28.14; place Général de Gaulle, Tel. 95.21.00.87; av. Pascal-Paoli, Tel. 95.23.25.70.

Touristikbüro: Office du Tourisme, Hôtel de Ville (Rathaus), place Maréchal Foch, Tel. 95.21.40.87.

Tiefseetaucher- und Fischerclub: Club Plongée des Sanguinaires, M. Valenti, rés. du Scudo le Corali D.

Club des Calanques, M. Gaudin, hôtel des Calanques, route Sanguinaires.

Auf Napoleon, den berühmtesten Sohn Korsikas, stößt man in Ajaccio häufig — wie hier auf der Place Maréchal-Foch ▶

Veranstaltungen

18.3.: Fest der Stadtpatronin *Notre-Dame de la Miséricorde;*
2.6.: Prozession St. Erasmus (Schutzpatron der Fischer);
15.8.: Napoleons Geburtstag.
Wassersport- und Segelzentrum: ASPTT, Plage du Ricanto, Tel.
95.22.38.07.
Société Nautique d'Ajaccio „Le Golfe", Port de la Citadelle, Tel. 95.21.35.75.
Tahiti Nautic Club d'Ajaccio, Plage du Ricanto, Tel. 95.23.09.95.
Cercle de voile d'Ajaccio, Port de l'amirauté. Tel. 95.20.22.24.
Wetteramt: Tel. 95.21.05.81.
Yachthafen: Tel. 95.22.31.98, 570 Plätze, Auskunft über den Bürgermeister von Ajaccio; Tel. 95.51.21.80, 250 Plätze, Auskunft über Port de Plaisance de la Citadelle.

Aléria

Aléria liegt ca. 75 km von Bastia entfernt an der Ostküste und ist ein unscheinbarer Ort mit etwa 1900 Einwohnern. Der auf einem Plateau über der Tavignanomündung gelegene Ort litt wegen seiner Sumpfgebiete unter Malariaplagen und war als Siedlungsgebiet unattraktiv geworden. Erst nach dem 2. Weltkrieg konnte man der Malaria Herr werden — mittels DDT; die brachliegenden fruchtbaren Ebenen wurden wieder urbar gemacht und für den Obst- und Weinanbau genutzt.

Die Geschichte des Ortes geht zurück bis auf das Jahr 560 v. Chr., als hier das von Phokäern gegründete „Alalia" entstand. Unter der darauffolgenden Römerherrschaft war der Ort Verwaltungshauptstadt und hatte fast 20 000 Einwohner. Kaiser Augustus gründete einen Flottenstützpunkt, und ab dem 13. Jh. war Aléria, wie es nun hieß, 200 Jahre lang Bischofssitz. Der Sauerländer Theodor von Neuhoff brachte den Ort 1736 in aller Munde, denn er ließ sich hier zum König von Korsika proklamieren und versuchte mit Hilfe der Engländer, die Genuesen zu vertreiben. Da die Franzosen den Genuesen zu Hilfe kamen, mußte Theodor I. nach England fliehen und der Ort verlor an Bedeutung.

Sehenswert sind heute noch das kleine archäologische Museum „Jérôme Carcopino" mit Ausgrabungsfunden aus der römischen Epoche und die Überreste einer römischen Siedlung. „Der Weiher der Diana" ist seit der Römerzeit für seine Austern berühmt. Im Zentrum des Weihers liegt die „Ilot des Pêcheurs", eine Anlage für abgeschuppte Austern, die be-

reits von den Römern eingerichtet wurde. In der Nähe des Ortes, an der
N 193-D 83, befinden sich auch die römischen Thermalanlagen von Santa
Laurina. Zu erwähnen ist die im Süden des Ortes gelegene Strafanstalt
Casabianda, die ein Mustermodell des offenen Strafvollzuges in Frank-
reich ist.

Aléria / **Praktische Informationen**
Bank: Crédit Agricole, Tel. 95.57.00.22.
Busverbindungen: mehrmals täglich nach Bastia und Porto Vecchio.
Hotels
„Des Orangers" Tel. 95.57.00.31, kleines, einfaches Hotel mit 13 Zimmern
im Ortskern.
„L' Empereur", Tel. 95.57.02.13, am Flußufer gelegen, 26 Zimmer.
In beiden Hotels zahlt man zwischen 40 und 90 DM pro Tag und Zimmer.
Syndicat d'Initiative: im Bürgermeisteramt (Mairie), Tel. 95.57.00 oder
95.57.03.32.
Wassersport- und Segelzentrum: V.I.V.E. de Casabianda, Domaine d'Alé-
ria, Tel. 95.57.06.91.

Algajola
Algajola ist ein winziges Fischerdorf in der Nähe von Calvi, das zwischen
den vielen, modernen Hotels und Bettenburgen kaum noch auszuma-
chen ist. Sehenswert ist die wuchtige Zitadelle aus dem 17. Jh.. Am Ort
führt die Bahnlinie Calvi-Ile Rousse vorbei. Der sehr schöne Strand hat
Algajola zu einem der beliebtesten Ferienorte mit Hotels und Ferienan-
lagen sowie einem großen Freizeitangebot gemacht.
Hotels
„Saint Joseph", Tel. 95.60.70.46, kleines, freundliches Hotel am Strand.
15 Zimmer. Die Zimmer kosten ca. 60 DM.
„De la Plage", Tel. 95.60.70.46, am Strand gelegen, etwas laut, 36 Zim-
mer zwischen 60 und 140 DM.
„L'Ondine", Tel. 95.60.70.02, am Strand gelegen, relativ laut, 60 Zimmer,
Pool, zwischen 60 und 120 DM.
„Santa Lucia", Tel. 95.60.70.42, liegt am Strand, sehr freundlich, gutes
Restaurant, 31 Zimmer zwischen 80 und 180 DM.

Weitere Häuser: „Pascal Paoli", Tel. 95.60.71.56; „L'Esquinade" Tel. 95.60.70.19; „Capo Rosso", Tel. 95.60.70.03.

Strände: Sandstrände, zum Teil auch Kiesel; einige Buchten haben keine Papierkörbe, und die Strände sind dementsprechend verschmutzt.

Angeln und Fischfang

In allen Gewässern und an den Küsten Korsikas darf geangelt werden, vorausgesetzt man hat sich einem örtlichen Angelsportverein angeschlossen. Der Saisonbeitrag liegt bei ca. 40 DM. Auskünfte erteilt die Fédération Départementale de Pêche et Pisciculture, für die Provinz Bastia: M. Martini, 7, bd. Paoli, 20200 Bastia, Tel. 95.31.47.31; für die Provinz Ajaccio: avenue de Noel-Franchini, B.P. 319, 20000 Ajaccio, Tel. 95.29.42.06.

Anreise

Obwohl die Flugpreise, besonders bei den Campingfluganbietern, in den letzten Jahren sehr günstig geworden sind und ein Hin- und Rückflug für zwei Wochen in der Nebensaison um die 360 DM kostet, lassen sich viele Reisende nicht davon abhalten, mit dem eigenen Auto anzureisen. Bei einem Familienurlaub oder einer Reise mit mehreren Personen ist das Auto natürlich wesentlich ökonomischer und die Bewegungsfreiheit im Feriengebiet ist entschieden größer. Die Sommermonate bieten dem PKW-Reisenden jedoch auch einige Unannehmlichkeiten, zu denen nicht nur die Anreise über die oft hoffnungslos überfüllten Autobahnen zählt. Autofähren müssen auf jeden Fall im voraus gebucht werden, da es sonst zu einer Wartezeit von zwei bis drei Tagen kommen kann, bis ein Platz buchbar ist. Die Fahrweise der Korsen ist für manchen gewöhnungsbedürftig. Es wird rasant gefahren und geparkt, und kleine Kratzer oder Beulen am anderen Fahrzeug lassen einen Korsen kühl. Eine Vollkaskoversicherung für die Dauer des Urlaubes ist zu empfehlen. Sprechen Sie mit Ihrer Versicherung oder einem Automobilclub.

Gleichgültig welche Anreisemöglichkeit auch gewählt wird — eine Ankunft per Schiff auf Korsika, das langsame Wahrnehmen des Gebirges im Meer, das Umschiffen der imposanten Küsten und das Einlaufen in einen der malerischen Häfen ist ein Erlebnis besonderer Art. Aber — während der Flug nach Korsika nur etwas mehr als eine Stunde dauert, braucht der Autoreisende selbst im Fall direkter Anschlüsse doch mindestens ca. 16-20 Stunden ohne Zwischenübernachtung. Die ermüdende, lange Fahrt nimmt bei der Rückreise oft viel von der Erholung. Nachfolgend sind einige Anreisewege mit Preisbeispielen beschrieben.

Anreise / **Mit dem Auto**

Für eine direkte Anreise nach Korsika empfehlen sich die Häfen Nizza in Südfrankreich oder Livorno in Italien.

Die Strecke Frankfurt — Nizza ist etwa 1000 km lang, die Autobahngebühren betragen ca. 90 DM pro Strecke bei Anreise über Mülhausen. Die Fahrzeit mit der Fähre Nizza — Calvi nimmt 5 1/2 Stunden in Anspruch. Die Fahrtkosten pro Strecke für einen PKW bis 3,80 m betragen zwischen 18 und 45 DM, je nach Saison. Fahrgäste zahlen pro Person zwischen 15 und 25 DM pro Strecke. Es können auch Schlafkabinen gebucht werden.

Die Route Frankfurt — Livorno ist ca. 1100 km lang, Autobahngebühren betragen in Italien pro Strecke ca. 90 DM plus Autobahnjahresgebühr für die Schweiz (ca. 34 DM).

Bei der Anreise über Livorno bieten sich kurze Abstecher, z. B. nach Pisa oder Florenz, an. Livorno liegt am Ausläufer der Toscana an der Riviera und besitzt auch eine Bahnstation.

Die Fahrtzeit mit der Fähre von Livorno nach Bastia beträgt 40 Minuten. Fahrtkosten pro Strecke für einen PKW bis 3,50 m liegen zwischen 20 und 40 DM je nach Saison, pro Person zwischen 15 und 22 DM pro Strecke.

Für Autos und Motorräder, aber auch für Einzelpersonen, sind rechtzeitige Platzreservierungen unbedingt zu empfehlen, besonders in der Hauptreisezeit. Buchungen drei bis vier Wochen vorher sind angebracht. Reservierungen nimmt fast jedes Reisebüro entgegen. Kinder und Jugendliche zahlen häufig nur die Hälfte, in der Nebensaison gibt es günstige Tarife für kleine Gruppen ab fünf Personen oder sogenannte „Standby"-Tarife ohne feste Buchung.

Achtung: Wer eine feste Buchung für die Rückreise hat, sollte diese gerade in der Hauptsaison unbedingt bei der Reederei rückbestätigen; Reedereibüros gibt es in allen größeren Orten, die Adressen finden Sie zum Teil in diesem Führer unter der jeweiligen Ortschaft.

Für die An- und Abreise mit dem Auto sollten jeweils mindestens zwei Tage einkalkuliert werden. In Frankreich gibt es auch Fährverbindungen ab Marseille und Toulon zu den verschiedenen Häfen Korsikas, in Italien

außer Livorno die Abfahrtshäfen La Spezia, Genua, Savona und Piombino. Preise und Fahrzeit sind unterschiedlich. Eine bequeme Alternative ist der Autoreisezug nach Nizza.
→*Fähren*

Anreise / **Mit der Bahn**

Bis Nizza oder Livorno, von dort „zu Fuß" mit der Fähre nach Bastia, Ajaccio, Calvi oder Ile-Rousse. Auf den französischen Fähren gelten die Ermäßigungen der französischen Eisenbahngesellschaft SNCF.
Junge Leute bis 26 Jahren können die ermäßigten Tarife (Twen-Tickets, Transalpino) in Anspruch nehmen. Preisbeispiele:
Bahnfahrt Frankfurt — Nizza: 344 DM hin und zurück.
Bahnfahrt Frankfurt — Livorno: 306 DM hin und zurück.
→*Fähren, Busse und Bahnen*

Anreise / **Mit dem Flugzeug**

Der Direktflug Frankfurt — Bastia dauert nur ca. 1 1/2 Stunden. Charterflüge nach Bastia und Calvi werden von verschiedenen deutschen Reiseveranstaltern angeboten. Je nach Reisezeit gibt es sehr günstige Tarife. Die Anreise mit dem Flugzeug ist nur über Nizza oder Paris möglich. Günstige Pauschalangebote zum Spartarif mit Unterkunft werden besonders für Familien mit Kindern angeboten.
→*Pauschalreisen*

Anreise / **Mit der Mitfahrzentrale**

Besonders für den schmalen Geldbeutel sehr preisgünstig, wenn auch leider nicht immer zuverlässig, sind die Mitfahrzentralen, die Sie in allen Telefonbüchern in vielen Städten finden. Es wird eine Pauschale für die Bearbeitung und Anmeldung berechnet sowie ein entsprechender Benzinkostenanteil. Wer mit der Mitfahrzentrale auf Reisen geht, muß sich schon mal ein paar Tage gedulden, bis ein Fahrer mit entsprechendem Reiseziel gefunden ist. übrigens, wenn unterwegs nicht alles so klappt, wie es besprochen wurde, bitte melden Sie solche Vorkommnisse sofort nach Ihrer Rückkehr. Nur so können die Mitfahrzentralen etwas gegen „schwarze Schafe" unternehmen. Die Kosten fürs Mitfahren nach Korsika bzw. bis zu einer der Hafenstädte belaufen sich auf folgende Beträge: Anmeldung bei einer der Zentralen plus Benzinbeteiligung bis Livorno

ca. 95 DM, bis Nizza oder Marseille ca. 105 DM. Nur für Leute, die gut
improvisieren können!
→*Fähren*

Apotheken

Die Apotheken in Frankreich sind mit einer grünen Beschriftung und einem grünen Kreuz gekennzeichnet und heißen auf französisch „Pharmacie". Die Öffnungszeiten sind in der Regel werktags von 9-13 und 14-18
Uhr, samstags von 9-12 Uhr. In größeren Orten haben einige Apotheken
auch durchgehend geöffnet. Medikamente sind häufig preisgünstiger als
in Deutschland.
→*Ärztliche Versorgung*

Archäologie

Korsika liegt auf einem der wichtigsten Seefahrerkreuze im Mittelmeer
zwischen Spanien, Italien und Nordafrika. So trafen hier über die Jahr-
tausende mehrere Kulturen zusammen, die alle ihre Spuren hinterlassen haben. Um 560 v. Chr., mit der Gründung von Alalia (Aléria), der
Hauptstadt des antiken griechischen, etruskischen und später römischen
Korsika, bekam die Insel zum gesamten Mittelmeerraum Kontakt. Zahlreiche Überfälle verwüsteten die Siedlung und die Orte blieben bis zur
Wiederentdeckung in unseren Tagen unberührt.

In archäologischer Hinsicht sind folgende Orte und Museen besonders
hervorzuheben:

Albertacce: Museum mit archäologischen Funden aus dem Niolu, dem
höchstgelegenen Plateau der Insel.

Aleria: Ausgrabungsstätte und Museum griechischer, römischer und etrus-
kischer Kunst.

Calvi: Ausgrabungen, religiöse Funde aus verschiedenen Epochen im
Oratorium St.-Antoine in der Zitadelle.

Cervione: Museum für Ethnographie, Archäologie und religiöse Funde.

Filitosa: Bemerkenswerte Menhire und Statuen aus der Epoche
6000-3000 v. Chr.: Zeugnisse aus drei Siedlerepochen. Fundstätte und
Museum.

Fontanaccia: Bekannter „Dolmen"; das ist ein Steintisch aus der Megalith-
Kultur (Steinzeit).

Levie: Musée Departemental mit archäologischen Funden aus der prä-
neolithischen Zivilisation, 700 v. Chr. bis zum Mittelalter.
Luri: Seneque-Museum mit mittelalterlichen Keramiken.
Lumio: Prähistorische Funde, Siedlungen aus der Bronzezeit, die auf den
„Terrasses de l'Eperon" errichtet wurden. Die Ausgrabungen sind noch
im Gange.
Sartène: Museum „Centre de Préhistoire Corse" (Eintritt: 10 FF) mit Fund-
stücken aus ganz Korsika und einer guten zusammenfassenden Darstellung aller vorgeschichtlichen Fundstellen der Insel.

Architektur

Wer prächtige Bauten auf Korsika erwartet, wird enttäuscht sein. Korsika
bietet mehr Natur als Architektur oder Kunst. Verschiedenste Häuserty-
pen — meist jedoch recht einfach — sind auf Korsika anzutreffen.
Die frühesten Bauwerke entstammen der Megalith-Kultur *(→Archäologie)*.
Die Romanik ist beispielsweise mit der Kapelle St. Marie in *→Quenza*
vertreten, während Bauwerke der Gotik oder Renaissance — mit wenig
bedeutenden Ausnahmen — nicht vorhanden sind. Sehenswerte Gebäude
aus dem Barock sind die Zitadelle und Terra Vecchia in *→Bastia* sowie
die Kirchen der *→Balagne* und der *→Castagniccia*.
Hervorzuheben sind die heute rund 60 erhaltenen (einst 150) Genuesen-
türme, die in regelmäßigen Abständen an der Küste Korsikas zu finden
sind. Vom 15. Jh. an dienten die etwa 15 m hohen Türme der Information
und Verteidigung gegenüber Überfällen vom Meer. Seltener sind die pisanischen Türme aus dem 11.-13. Jh., die Korsika vor Sarazenen und Pi-
raten schützen sollten. Von diesen viereckigen Türmen stehen noch einige in Porto, Nonza und Pino.

Asco und Haut-Asco

Das kleine Bergdorf Asco liegt, versteckt in einer unwegsamen Schlucht,
am Fuße des Monte Padro (2393 m) und des Cintomassives mit mehr
als 2700 m hohen Gipfeln. Der Ort liegt auf einer Höhe von 630 m und
hat nur etwa 300 Einwohner. Man erreicht ihn über Porto Leccia auf der
N 197 in Richtung Ile-Rousse. Etwa 1 km nach Porto Leccia biegt links

*Typisch korsisches Straßenbild: Vor den Häusern flattert malerisch die
bunte Wäsche* ▶

eine schmale Straße nach Asco ab, die Strecke ist gut ausgeschildert. Auch dem geübten Fahrer fordert die kurvenreiche Strecke hoch über dem Asco-Fluß auf zum Teil sehr schmaler Straße größte Konzentration ab, und so sollten mehere Stopps eingeplant werden. Über ein schmales Viadukt erreicht man schließlich die tiefe Schlucht „Gorges de l'Asco", etwa 17 km weiter das Dorf selbst. Die Bewohner sind fast ausschließlich Hirten und Bauern, die von der Ziegen- und Schafzucht leben. Ausgezeichnet ist der Honig von Asco, der als der beste der Insel gilt. Im Ort gibt es ein Gasthaus und ein kleines Lebensmittelgeschäft. Einige Bauern bieten auch Privatunterkünfte an. Unterhalb der Brücke befindet sich eine gute Badestelle im Asco-Fluß; das Wasser ist zwar kalt, aber erfrischend.

Das eigentliche Ziel der Asco-Besucher ist Haut-Asco, Skistation und Ausgangspunkt für viele Bergtouren. Haut-Asco liegt noch 15 km hinter Asco auf dem Plateau Stagnu in einer Höhe von 1425 m bzw. 1820 m. Von hier aus kann man zum Monte Cinto aufsteigen oder die GR 20, die große Wanderroute quer über die Insel, beginnen. Außerdem kann man leichte bis mittelschwere Wanderungen zur Hütte „Altore" oder zum Kessel von Trimbulaccio unternehmen. An der Anfahrt zum Hotel „Le Chalet" in Haut-Asco befindet sich ein Gedenkstein für den Stuttgarter Arzt Dr. Felix von Cube, der von 1899 bis 1904 mit seinen Kameraden vom Akademischen Alpenverein München Pionierarbeit in den korsischen Bergen geleistet hat. Ein Gipfel von 2247 m Höhe wurde nach ihm benannt, der „Pic von Cube", und im Hotel „Le Chalet" gibt es eine Vielzahl von Fotodokumenten aus seiner Zeit.

Im Sommer kommen viele Besucher nur für ein paar Stunden in die alpine Landschaft von Haut-Asco. Es lohnt sich allerdings wirklich, einige Tage hier zu verbringen, in den Bergen zu wandern oder im kristallklaren Wasser der Bergbäche ein erfrischendes Bad zu nehmen. Im Winter stehen zwei Schlepplifte zur Verfügung. Es sind Abfahrten für Anfänger und Fortgeschrittene vorhanden. Einen Skiverleih und eine Skischule gibt es am Hotel.

Übernachten kann man sehr gut im Zwei-Sterne-Hotel „Le Chalet", das über 50 Betten verfügt und von der freundlichen und hilfsbereiten Familie Guerrini geführt wird. Empfehlenswert ist auch das angeschlossene Restaurant, in dem einheimische Küche serviert wird. Berghütten und Zeltplätze auf dem Plateau direkt neben dem Hotel können ebenfalls über das Hotel angemietet werden. Sanitäre Einrichtungen und Parkplätze befinden sich am Hotel.

Es gibt keine Linienbusse nach Haut-Asco. Schneeverhältnisse können im Hotel, über das Rathaus Asco oder das Vekehrsamt Bastia angefragt werden.

Asco / **Praktische Informationen**

Busverbindungen: Ab Ponte Leccia bis Asco fahren je nach Jahreszeit 2-3 mal täglich Busse, von den Küstenorten gibt es jedoch keinen guten Anschluß, weshalb eine Zwischenübernachtung erforderlich ist. Nach Haut-Asco fahren keine Linienbusse.

Camping: Zwischen Asco und Haut-Asco liegt direkt an einem Bergbach im Wald ein großer Campingplatz; Grillplätze sowie Duschen und WC sind vorhanden.

Hotel: „Le Chalet", Tel. 95.47.81.08, zwischen 35 und 95 DM pro Tag nur für Übernachtung, Halbpension 60 bis 120 DM. Sehr gute Küche.

Rathaus Asco: Tel. 95.47.82.07.

Verkehrsamt Bastia: Tel. 95.31.02.04.

Ausrüstung

Die Kleiderwahl wird sich ganz nach dem mediterranen →*Klima* richten, wobei für Ausflüge in die kälteren Bergregionen auch warme Kleidung nicht fehlen darf.

Die Reiseapotheke sollte auf Korsika folgendes enthalten: Verbandszeug, Gel gegen Insektenstiche, Sonnenschutzcreme, Sportgel bei Verstauchungen, Kohletabletten bzw. Durchfallmittel. Medikamente sollten im Handgepäck transportiert werden.

Wenn man auf Korsika wandern möchte, sind gerade Anfängern die Ratschläge von erfahrenen Bergwanderern und -steigern bezüglich Kleidung und Gepäck ans Herz zu legen. So sollte das Rucksackgepäck maximal 12 kg wiegen; eine kleine Reiseapotheke, Sonnenschutzmittel, eine Kopfbedeckung gegen Sonnenstich, Taschenlampe, Müllsack, Gaskartuschen, Gebirgskarten und mindestens zwei Paar Wollsocken gehören auf jeden Fall zur Ausrüstung eines Wanderers. Außerdem sollte man die Schwierigkeitsgrade der Touren nicht unterschätzen: Jogging-Schuhe sind aus diesem Grund völlig ungeeignet. Bergstiefel, die bis über die Knöchel reichen, sind das geeignete Schuhwerk.

Auto

Wer sein Auto mit der →*Fähre* nach Korsika transportieren läßt, sollte folgende Punkte berücksichtigen:

Verkehrsregeln

In Ortschaften dürfen maximal 60, außerhalb der Ortschaften 90 (bei Regen 80), auf Straßen mit zwei Fahrbahnen in jeder Richtung 110 (bei Regen 100) und auf Autobahnen 130 km/h (bei Regen 110) gefahren werden. Bei Nichteinhaltung der Geschwindigkeitsbegrenzungen werden hohe Geldbußen verhängt. Wer seinen „Lappen" noch nicht länger als ein Jahr besitzt, darf generell nicht schneller als 90 km/h fahren. Das Falschparken wird mit bis zu 25 DM geahndet. Im übrigen werden auf Korsika die in Deutschland sorgsam überwachten Verkehrsregeln nicht beachtet: Zebrastreifen, Geschwindigkeitsbeschränkung, rechts vor links ...

Inselumrundung

Die Inselumrundung im „Uhrzeigersinn" hat den Vorteil, daß man auf den schmalen Küstenstraßen an der Landseite statt an der oft steil abfallenden Küstenseite entlangfährt ...

Autovermietung

Auf französisch heißt Autovermietung „location des voitures". Die Anmietung ist an allen Flug- und Fährhäfen, in allen größeren Orten oder über die Hotelrezeption möglich. Alle bekannten Firmen sind vertreten. Daneben machen kleine, einheimische Firmen teilweise sehr günstige Angebote. In der Hauptsaison ist kurzfristig schwer ein Wagen zu bekommen. Rechtzeitige Reservierungen schon vor der Reise sind zu empfehlen. Unbedingt nach Sondertarifen fragen, da diese nicht immer automatisch mit angeboten werden. Ein Mittelklassewagen kostet z. B. 450 DM pro Woche mit unbegrenzter Kilometerzahl bei Vorausbuchung- und -bezahlung im Heimatland.

Preisbeispiele örtlicher Unternehmen:

Castellani: Peugeot 205 pro Tag inkl. unbegrenzter Kilometerzahl: 165 DM; pro Woche 750 DM.

Mattei: Peugeot 205 pro Tag inkl. unbegrenzter Kilometerzahl: 98 DM; pro Woche 800 DM.

Alle Preise sind Circa-Preise.

→*Motorradvermietung, jeweilige Ortschaft*

Baden

Neben den zahlreichen →*Stränden* und Schwimmbädern gibt es auch
Thermalbäder auf Korsika:
— Les Thermes, Pietrapola les Bains, 20240 Ghisonaccia, Tel. 95.56.70.03.
— Guagno les Bains, 20160 Vivo, Tel. 95.28.30.68.
— Les Bains de Taccana urbalacone, 20128 Grosseto to Prugna, Tel.
95.25.74.23.

Badegumpen

Gumpen sind kleine Becken, in denen sich das kalte Wasser von Gebirgsbächen staut und die zum Baden einladen. Liegen die Gumpen treppenförmig übereinander, spricht man von →*Kaskaden.*

Bahnverbindungen

Die korsische Eisenbahngesellschaft (Chemins de fer de la Corse) ver-
kehrt auf einer malerischen Strecke von insgesamt ca. 232 km zwischen
Bastia, Corte, Calvi, Ajaccio und Ile-Rousse. Lassen Sie sich auf keinen
Fall eine Fahrt mit dieser 1000 mm-Schmalspurbahn durch die reizvolle
Gebirgswelt entgehen. Die kleine Inselbahn schlängelt sich durch die Berge und wird über Täler geführt, die von eindrucksvollen Viadukten über-
brückt sind. Die Schienenbusse verkehren regelmäßig zwischen den genannten Orten. Die Verbindungen liegen zeitlich so, daß der Besucher
bequem Tagesausflüge in die entfernteren Orte starten kann. Der kleine
Ort Porto Leccia ist ein Umsteigebahnhof für die Strecke von und nach
Bastia. Weitere Bahnstationen haben z. B. die Orte Borgo (Flughafennä-
he Bastia), Campitelle, Francardo, Venaco und Vizzavona.

Tabelle für Fahrtzeiten und Fahrtdauer

Strecke	Fahrtzeit	km	Preis	Abfahrtszeiten
Calvi — Bastia	3:15 Std.	120	27 DM	6.20/14.35 Uhr
Bastia — Calvi	3:15 Std.	120	27 DM	9.15/16.35 Uhr
Bastia — Ajaccio	3-4 Std.	158	35 DM	7.05/7.35/8.05/14.40/ 16.05 Uhr
Ajaccio — Bastia	3-4 Std.	158	35 DM	6.45/8.00/14.40/ 16.05 Uhr
Ajaccio — Calvi	5 Std.	184	45 DM	7.00/14.15 Uhr
Calvi — Ajaccio	5 Std.	184	45 DM	6.20/6.50/14.35 Uhr

Strecke	Fahrtzeit	km	Preis	Abfahrtszeiten
Calvi — Ile-Rousse und Gegenrichtung	0:50 Std.	20	8 DM	je Richtung 9 x täg-lich (Juni-September)

In der Hochsaison werden weitere Liniendienste angeboten. Zwischen Ile-Rousse und Calvi verkehren täglich bis zu 39 Schienenbusse, die ideale Zubringer für die zahlreichen Strände dieser Region sind. Die korsische Eisenbahngesellschaft übernimmt keine Garantie dafür, daß man direk-te Anschlüsse an Fähre oder Flugzeug bekommt.

Weitere Auskünfte erteilen die Bahnhöfe:

Bastia, Tel. 95.32.60.06; Ajaccio, Tel. 95.23.11.03; Calvi, Tel. 95.65.00.61; Ponte-Leccia, Tel. 95.47.61.29.

Bains de Baracci

Bains de Baracci ist ein kleines Thermalbad in der Nähe von Propriano an der Westküste. Die Schwefel- und Kohlesäurequellen waren schon in der Antike bekannt. Das Wasser hat eine Temperatur von 52 °C, und die austretende Wassermenge beträgt 115 000 l pro Tag. Das Kurhaus ist ganzjährig geöffnet. Indikationen: Knochen- und Gelenkverletzungen, Er-krankungen der Atemwege und Hautkrankheiten. Die Anwendungen wer-den von den meisten Krankenkassen anerkannt. Auskünfte über das Kur-haus Baracci, Tel. 95.76.01.14.

Hotels → Propriano

Balagne

Balagne heißt die Landschaft zwischen Calvi und Ile-Rousse. Wegen ih-rer Fruchtbarkeit nennt man sia auch den „Garten Korsikas". Die Hügel mit ihrem weiten Ausblick auf die Westküste, einsame Dörfer (z. B. St. Antonino) und deren Barockkirchen lohnen einen Besuch.

Bar

Eine Bar ist nicht wie in unserem Sprachgebrauch mit einem etwas zwie-lichtigen Nachtlokal zu verwechseln. Vielmehr versteht man hier darun-ter einen Ort, an dem man sich zum Apéritif trifft, einen Kaffee trinkt oder kleine Speisen wie Sandwiches, Salate etc. bestellen kann. Eine „Bar-Comptoir" ist eine Stehbar, in der man an der Theke sein Bier oder sei-nen Drink zu sich nimmt.

Barcaggio

Ein winziger, abgelegener Badeort an der Spitze des Cap Corse ist Barcaggio. Zum Ort führt eine schmale, unwegsame Straße, die weder für Linienbusse noch für Campingfahrzeuge geeignet ist.

Das Nest hat einen herrlichen, feinsandigen Strand und ein romantisch-dörfliches Hinterland.

Es gibt nur ein Hotel sowie einige Privatzimmer und Zeltmöglichkeiten, die über die Wirtin im „U Pescador" erfragt werden können.

Hotel: „La Giraglia", Tel. 95.35.60.65, 10 Zimmer, direkt am Meer gelegen, sehr romantisch und ruhig. Die Kosten für die Übernachtung betragen pro Tag und Zimmer ca. 90 DM.

Restaurant: „U Pescador", am Hafen vor dem Hotel. Sieht wie ein Blechcontainer aus, aber die Wirtin serviert wohl den besten Fisch und die schmackhafteste Bouillabaisse der Insel.

Bastelica

Das malerische Bergdorf Bastelica liegt in der Provinz Corse-du-Sud, in einer Höhe von 760 m und 41 km von Ajaccio entfernt. Zu erreichen ist es via Ajaccio durch die Gordes du Prunelli. Hier wurde der korsische Freiheitskämpfer Sampiero Corso (1498-1567) am 23. Mai 1498 geboren. Er ist einer der populärsten Helden der korsischen Geschichte. Er bekämpfte Genua mit unerbittlichem Haß. Das eigentliche Geburtshaus des Helden wurde seinerzeit von den Genuesen niedergebrannt. Allerdings kann man einen originalgetreuen Nachbau aus dem 18. Jh. besichtigen. Eine Bronzestatue des Freiheitskämpfers befindet sich vor der Pfarrkirche aus dem 14. Jh.

Im Sommer ist das Dorf ein idealer Ausgangspunkt für zahlreiche Wanderungen zwischen dem Bastelicais und dem Haut Taravo sowie im Gebiet des Monte Renoso (2352 m).

Im Winter bietet das „Val d'Ese" (1600 m/1950 m) gute Wintersportmöglichkeiten: 2 Schlepplifte, einfache Abfahrten, Skilehrer, Langlaufmöglichkeiten, Berghütten. Telefonische Auskunft wird in französischer Sprache unter der Rufnummer 95.28.70.69 erteilt. Die Schneeverhältnisse vorher unbedingt erfragen, da ohne Schnee in den Bergdörfern wirklich überhaupt nichts los ist.

Hotel

„U Castagnettu", Tel. 95.28.70.71, 15 Zimmer, urgemütlich, gutes Restaurant, pro Tag zwischen 40 und 60 DM.

„Sampiero", Tel. 95.28.70.59, 26 Zimmer, sehr, sehr einfach, pro Tag ca. 30 DM.

Privatunterkünfte: einige Fremdenzimmer in Privathäusern; weitere Möglichkeiten bestehen in Cauro oder Ocana.

Auskunft: Verkehrsamt Ajaccio, Tel. 95.21.40.87, oder im Rathaus von Bastelica, Tel. 95.28.70.61.

Restaurant: „Chez Paul", korsische Küche; unbedingt die Kutteln probieren!

Bastia

Die pulsierende Hafenstadt an der Nordostküste mit ihren knapp 55.000 Einwohner wird leider in den meisten Reisebeschreibungen etwas „stiefmütterlich" behandelt. Bastia ist flächenmäßig die größte Stadt der Insel, Hauptstadt der Provinz Haute Corse und Wirtschaftszentrum der nördlichen Inselhälfte. Von Ajaccio und Bonifacio ist die Stadt 150 bzw. 60 km entfernt.

Bastia / **Geschichte**

Vor ca. 2000 Jahren gründeten die Römer eine Siedlung mit dem Namen Cardo. Der Hafen dieser alten Siedlung ist der heutige Fischerhafen „Vieux Port". Der genuesische Gouverneur Leonello Lomellini ließ diesen Hafen im Jahre 1380 befestigen und die Zitadelle „Bastiglia" errichten. Von ihr wurde später der heutige Name Bastia abgeleitet. Um 1480 wurden weitere Schutzmauern errichtet, die Siedlung am Hafen hieß fortan „Terra Vecchia", altes Land, und die Siedlung an den Schutzmauern „Terra Nuova", neues Land.

Unter der Herrschaft der Genuesen war Bastia lange Zeit wichtigster Ort der Insel und konnte auch nach der Machtübernahme der Franzosen im Jahre 1796 als Präfektur des Departements Golo seine Stellung behaupten. Unter Napoleon mußte die Stadt ihren Rang als Inselhauptstadt an Ajaccio abgeben und verlor ihre politische Bedeutung, ihre wirtschaftliche Stärke nahm jedoch weiter zu. Seit dem 19. Jh. besitzt Bastia den wichtigsten Hafen der Insel, der heute noch von den meisten Fracht- und Fährschiffen angelaufen wird.

BASTIA

0 ___ 300 m

N

Cap Corse

Neuer Hafen

Jetée St-Nicolas

Boulevard Gén. Graziani

Av. Emile Sari

1

Av. M. Sébastian   Av. Fr. Pietri

3

Place Saint Nicolas

2

Rue C. Campinchi

Paoli

Bd. Gén. de Gaulle

11

Boulevard

Rue Napoléon

7

6

Place de l'Hôtel de Ville
Terra Vecchia
8
(Altstadt)

4

Alter Hafen

Bd. Paoli

9

Boulevard

Auguste Gaudin

Cours Dr. Favale

Jetée du Dragon

5

Citadelle

10

Legende
1. Hauptpost
2. Touristeninformation
3. Bahnhof
4. Théâtre Municipal /
   Bibliothèque Municipal (Stadtbibliothek)
5. Palais des Gouverneurs / Musée d'Ethnographie
6. Chapelle de la Conception
7. Chapelle Saint Roch
8. Cathédrale St. Jean Baptiste
9. Palais de Justice (Justizpalast)
10. Kirche Sainte Marie und Chapelle Sainte Croix
11. Statue de Napoléon

Schon allein wegen der Altstadt und der Farbenpracht im alten Hafen lohnt sich ein Aufenthalt in Bastia.

Bastia / **Verkehr**

Zentraler Punkt ist die am Fährhafen gelegene Place Saint-Nicolas mit ihren schattenspendenden Platanen und gemütlichen Restaurant-Cafés. Der Verkehr wird durch den neuentstandenen, mehrspurigen Tunnel direkt vom Hafen aus der Stadt herausgeleitet. Dadurch hat sich die oftmals chaotische Verkehrslage entspannt. Die Parkprobleme werden weitestgehend durch ein großes Parkhaus unterhalb der Place Saint Nicolas gelöst.

Bastia / **Sehenswürdigkeiten**

Auf dem riesigen Platz St. Nicolas stehen gleich zwei Denkmäler: das *Napoleonstandbild* aus weißem Marmor und das *Gefallenendenkmal*. Auf der Rue Napoléon, die in südlicher Richtung von der Place Saint Nicolas abgeht, kommt man an der *Chapelle Saint-Roch* und der *Chapelle de la Conception* vorbei; beide wurden von Bruderschaften im 17. Jh. erbaut. In der barocken Chapelle Saint-Roch sind das geschnitzte Chorgestühl und die marmorne Prozessionsstatue des hl. Rochus aus dem 18. Jh. und in der ebenfalls barocken Chapelle de la Conception das Kruzifix aus Genua und das Gemälde aus der Murillo-Schule sehenswert; vor der kleinen Kirche ist ein schönes Kieselmosaik zu bewundern.

Ein paar Schritte weiter, an der Place de l'Hôtel de Ville, steht die *Cathédrale St. Jean Baptiste,* die im 17. Jh. im frühbarocken Stil errichtet und im 18. Jh. üppig ausgestattet wurde.

Ihre zwei mächtigen Glockentürme beherrschen das Bild des Altstadtviertels, des Terra Vecchia. Gegenüber der Kathedrale befindet sich der Marktplatz, die Place de l'Hôtel de Ville, auf dem jeden Morgen ein bunter Lebensmittelmarkt abgehalten wird. Angeboten werden neben Obst, Gemüse und Fleisch korsische Spezialitäten wie z. B. „brocciu", eine Art Ziegenfrischkäse, der einem in den verschiedensten korsischen Gerichten und Gebäckstücken begegnet. Unterhalb des Marktplatzes taucht man dann in das teilweise sehr düstere Gassengewirr der Altstadt ein, die sich um den *Vieux Port,* den Alten Hafen, herumzieht. Hier dümpeln Fischerboote neben Yachten, und Fotoromantik kommt auf. Über den kleinen Park *Jardin Romieu* gelangt man von hier aus zur *Citadelle*.

Die Citadelle ist ein ganzer Stadtteil, das eigentliche, alte Kernstück Bastias, das um die 1380 von den Genuesen erbaute Festung herum entstand; später, zwischen 1480 und 1521, wurde die Siedlung von einer Stadtmauer umgeben. Hier stehen der ehemalige Gouverneurspalast, der *Palais des Gouverneurs* aus dem 14. Jh., die *Eglise Sainte Marie* und die *Chapelle de la Sainte-Croix.* Im Palais des Gouverneurs befindet sich das *Musée d'Ethnographie Corse* mit sehr anschaulich gestalteten Sammlungen zur Archäologie, Geschichte, Geologie der Insel und zum korsischen Alltagsleben. Öffnungszeiten: im Sommer 9-12 und 15-18 Uhr, im Winter 9-12 und 14-17 Uhr. Preis: 10 FF, ermäßigt 5 FF. Die ganz in blau gehaltene Kapelle Sainte-Croix hat ihren Namen von einem Kruzifix, das zwei Fischer im 14. Jh. auf dem Meer treibend gefunden haben sollen. Jetzt hängt das „heilige Kreuz" in der Kapelle und wird zum Fest des Schutzpatrons Christ des Miracles am 3. Mai in feierlicher Prozession durch die Stadt getragen.

Von der unterhalb der Citadelle gelegenen Mole *Jetée du Dragon* aus hat man einen sehr schönen Blick auf den Alten und Neuen Hafen sowie auf die Altstadt.

Bastia / **Praktische Informationen**

Autovermietungen: Avis (Ollandini); 9, av. Mal Sébastiani, Tel. 95.32.57.30; Flughafen, Tel. 95.36.02.88.

InterRent: 2, rue N. Dame de Lourdes, Tel. 95.31.03.11.

Hertz: Flughafen Poretta, Tel. 95.36.02.46.

Europcar: 30, rue César-Campinchi, Tel. 95.31.59.29; Flughafen, Tel. 95.36.03.55.

Mattei (Luiggi): 5-7, rue Chanoine Leschi, Tel. 95.31.57.23; Flughafen, Tel. 95.36.03.64.

Bahnhof: Tel. 95.31.20.09, täglich mehrere Verbindungen nach Corte, Calvi, Ajaccio und Ponte Leccia →*Bahnverbindungen.*

Banken: Banque de France, 2, cours Pierangeli, Tel. 95.31.24.09.

B.I.A.O., 15, bd. du Général-de-Gaulle, Tel. 95.31.67.61.

Banque Worms, 7, bd. du Général-de-Gaulle, Tel. 95.31.51.74.

Crédit Agricole, 13, bd. du Général-de-Gaulle, Tel. 95.31.58.45.

Busbahnhof: direkt am Fährhafen. Täglich mehrere Verbindungen nach Ajaccio, Corte, Porto-Vecchio, Ile-Rousse und Calvi. Businformation: Tel. 95.31.06.65.

Camping: „Les Sables Rouges", Plage de l'Arinella, Tel. 95.33.36.08.
Einkaufen: Die meisten Geschäfte findet man auf dem Boulevard Général-de-Gaulle, dem Boulevard Paoli und in der Altstadt. Der Markt vor dem Rathaus findet täglich bis 13 Uhr statt.
Fährschiffe: *Corsica Ferries, Sogedis Voyage,* 5, bd. Chanoine-Leschi, Tel. 95.31.18.09.
Verbindungen: Bastia — Savone — Bastia; Bastia — Calvi — Bastia; Bastia — Livorno — Bastia; Bastia — La Spezia — Bastia.
NAV.AR.MA-Lines, rue Comm. Luce de Casabianca, Tel. 95.31.46.29.
Verbindungen: Bastia — Livorno — Bastia; Bastia — La Spezia — Bastia; Bastia — Piombino — Bastia; Bastia — Porto — Bastia.
S.N.C.M, Nouveau Port, Tel. 95.54.66.66.
Verbindungen: Bastia — Nizza — Bastia; Bastia — Marseille — Bastia; Bastia — Toulon — Bastia.
Fahrrad- und Mofavermietung: Locacycles, 40, Rue César Campinchi, Tel. 95.31.02.43; am Flughafen, Tel. 95.38.33.96.
Ferienwohnungen und -häuser: *C.C.I. Immobilier,* 37, bd. Paoli, Tel. 95.31.42.84.
CORSTERRAIN, 10, av. Emile-Sari, Tel. 95.31.20.76.
Flughafen: *Bastia-Poretta* im Süden von Bastia, Tel. 95.54.54.54.
Hotels
Zwischen 30 und 50 DM:
„La Corniche", San Martino di Lota, Tel. 95.31.40.98; 16 Zimmer, sehr einfach, kleines Restaurant, zentral gelegen, laut.
„Laetitia", 2 bd. Paoli, Tel. 95.31.06.94; sehr zentral am Hafen gelegen, einfaches Haus, 14 Zimmer.
Zwischen 60 und 100 DM:
„Hotel de la Paix", 1, bd. Général Giraud, Tel. 95.31.06.71; 11 Zimmer, sehr einfach, zentral in Hafennähe. „Bonaparte", 45, bd. Graziani, Tel. 95.31.07.10; 24 Zimmer, zentral in Hafennähe.
Zwischen 100 und 300 DM:
„L'Alivi", Palaggio, route du Cap, Tel. 95.31.61.85; 30 Zimmer, 3-Sterne-Haus, sehr komfortabel, etwas außerhalb von Bastia.
„Ostella", 193, route Nationale, Tel. 95.33.51.05; 30 Zimmer, 3-Sterne-Haus mit allem Komfort, gutes Restaurant, direkt am Meer.

Die schroffe Bergwelt Korsikas lädt zum Bergsteigen und Wandern ein ▶

Information: Office du Tourisme, Place Saint-Nicolas, 20289 Bastia, Tel. 95.31.00.89.

Kino: „Le Régent" in der rue César Campinchi (Tel. 95.31.03.08) und „Le Studio" in der rue Miséricorde (Tel. 95.31.12.94).

Krankenhaus — Notarzt: Centre Hospitalier, Tel. 95.31.99.15.

Centre Hospitalier Général Flaconaja, route Impériale, Tel. 95.30.30.30.

Nachtleben: Vier „Cabarets/Spectacles" stehen zur Auswahl: „U Fanale" am Vieux Port (Tel. 95.32.68.38), „U Rataghiu" in der rue Carnot (Tel. 95.31.22.37), „U Teatrinu" in der rue César Campinchi (Tel. 95.32.64.04) und „L'Alba" am quai des Martyrs (Tel. 95.31.13.36).

Polizei: Tel. 95.54.50.22.

Reitvereine: Société Hippique Urbaine de Bastia La Marana, plaine de Montesoro, 20200 Bastia, Tel. 95.30.37.62.

Restaurants mit korsischer Küche: „Che Assunta", 4, place Fontaine-Neuve; „La Taverne", 9, rue du Lyceé; „Le Dauphin", place Neuve-Fontaine; „Chez Mémé", quai Martyrs-de-la-Libération; „U Fragnu", impasse Miot; „Lavezzi", 8, rue Saint-Jean.

Strände: Zwar gibt es in Bastia einige feinsandige Strände, aber auch viele Abwässer durch Industrie, Wohnsilos und Hafen. Es ist vorzuziehen, zum Schwimmen in einen der Randorte zu fahren.

Tauchen: Compolore Plongée Club, rue des Sérénades 5, Tel. 95.30.31.15; Neptune Club Bastiais, rue du Commandant-L'Herminier, Tel. 95.32.58.36.

Taxis: Taxistation Bastia, Tel. 95.31.03.02; Radio-Taxi Bastia, Tel. 95.34.07.00.

Theater: An der place du Donjon, Tel. 95.31.33.75.

Veranstaltungen: Es gibt eine Reihe von Festivals, z. B. für Tänze im Juli, Lyrik-, Rockveranstaltungen im August, Filme im Oktober.

Wassersport- und Segelzentrum: *Base Nautique de l'Arinella,* Club Omnisports de l'Arinella, Tel. 95.33.36.48.

Club Nautique Bastia, quai Sud du Vieux Port, Tel. 95.31.42.54.

Wetteramt: Tel. 95.36.22.97.

Yachthafen: Port de Toga, Tel. 95.32.79.79.

Bavella →*Gebirge*

Bergsteigen und Bergwandern

Die verschiedenen Gebirgsmassive der Insel, lange Zeit unbekannt und unberührt, sind erst in den letzten Jahren bei Bergbegeisterten und Naturfreunden aus aller Welt populärer geworden. Inzwischen gibt es sorgfältig und unter größter Fachkenntnis erstellte Karten und Führer für Wanderer und Bergsteiger. Die Begeisterung für Korsikas einmalige Bergwelt ist so groß, daß sich selbst auf dem alpinen Wanderpfad „GR 20", auf dem der geübte und durchtrainierte Bergwanderer die Insel diagonal in ca. 14 Tagen durchwandern kann, die Leute tummeln. Leider ist immer wieder zu beobachten, wie sorg- und verantwortungslos manche Zeitgenossen sich in dieser noch heilen Natur bewegen.

Überflüssiger Ballast, sprich Müll, wird einfach in den Bergen zurückgelassen. Überall finden sich die Spuren der Zivilsation in Form von Zigarettenkippen, Plastikflaschen und leeren Konserven. In manchen Berghütten (→Hütten) nisten sich Ratten und anderes Ungeziefer ein, weil Besucher sie unsauber zurücklassen und Nahrungsreste liegenlassen. All diese unangenehmen Aspekte sollten den Naturfreund jedoch nicht davon abhalten, die zerklüfteten und wilden Gipfel Korsikas zu erklimmen. Die Wege sind meistens gut markiert, mal mit Farbflecken (der GR 20 z. B. mit einer rot-weißen Markierung), mal mit Steinmännchen. Hier ist wegweisende Literatur zu empfehlen. Besonders wichtige Utensilien sind Kartenmaterial, Kompaß und Feldflasche. Die beste, weil regenärmste Zeit zum Wandern sind die Monate Juli und August. Die größte Mittagshitze läßt sich mit entsprechender Pausenplanung (früh morgens aufbrechen) umgehen.

Es empfiehlt sich, Kartenmaterial unbedingt schon mitzubringen, da zur Hauptsaison auf der Insel alle Bergführer und Karten bereits vergriffen sind. Bei den Routenbeschreibungen ist darauf zu achten, daß sehr hohe körperliche Anforderungen gestellt und eine sehr gute Kondition vorausgesetzt werden. Die Schwierigkeitsgrade sind von leicht bis äußerst schwierig angesetzt, die französischen Kurzzeichen sind wie folgt: F = leicht, PD = mäßig schwer, AD = schwer, D = sehr schwer, TD = besonders schwer, ED = extrem schwer.

Die als „mäßig schwer" bezeichneten Wege sind für nicht so gut trainierte Leute schon fast zu schwierig. Es lohnt sich, vor Aufbruch Erfahrungen mit anderen Bergfreunden auszutauschen. Die jeweiligen Alpenvereine sowie die französischen Clubs sind bei Beratung und Auskunfterteilung ebenfalls sehr hilfsbereit: TCF Touring Club Français, 69, av. de la Grande Armée, 75782 Paris 16.

Club Alpin Français, Section Corse, Résidence Highland, av. de Verdun, 20188 Ajaccio.

Daneben gibt es ein Informationszentrum für Wanderer von der Natur-parkverwaltung *(→Naturschutzpark):* Parc Naturel Régional de la Corse, rue Général Fiorella, BP 417, 20184 Ajaccio, Tel. 95.21.56.54.

Die bekanntesten Wanderwege

GR 20: Hochalpine Durchquerung der Insel von Calenzana im Nordwe-sten nach Conca de Porto Vecchio im Südosten (173 km lang), bei der außer den Ansiedlungen Vizzavona und Col de Bavella keine Dörfer be-rührt werden. Diese 12-14tägige Wanderroute ist ziemlich anstrengend und von den körperlichen Anforderungen her nicht zu unterschätzen. Die beste Zeit für diesen Wanderweg ist von Mitte Juni bis Mitte September, denn dann sind die meisten Berghütten und Bergerien geöffnet. Zu be-achten ist, daß auf dem Wanderweg zur Hauptsaison von Mitte Juli bis Mitte August reges Treiben herrschen kann, und man deshalb möglichst einen geeigneten Zeitpunkt vorher oder nachher wählen sollte. Der Re-kord für den GR 20 liegt bei 41 Stunden (reine Laufzeit), aufgestellt in vier Tagen von einheimischen Hüttenwirten. Im Juni 1993 wollen sie ei-nen neuen Versuch unternehmen.

Tra Mare e Monti: Wem der GR 20 zu lang und alpinistisch ist, für den ist dieser etwa 10tägige Fernwanderweg von Calenzana nach Cargèse besser geeignet. Er führt nicht durchs Hochgebirge, sondern eher durch macchiabestandene Vorgebirgslandschaft und steigt auf eine maximale Höhe von 1100 m an. Zudem führt die Route durch Fischer- und Berg-dörfer, was die Versorgungslage erheblich erleichtert und das Gepäck reduziert. Schutzhütten und Campingplätze sind vorhanden, in der Haupt-saison empfiehlt sich jedoch Vorreservierung. Die beste Zeit ist von März bis Oktober. Eine gute Wegbeschreibung ist für ca. 10 DM in korsischen Buchhandlungen zu erstehen.

Mare a mare: Für den Weg von der West- zur Ostküste gibt es drei be-kannte Varianten:

— „Nord" von Cargèse nach Moriani (7 Etappen von jeweils 4-6 Stunden);

— „Mitte" von Ajaccio nach Ghisonaccia (7 Etappen von jeweils 4-6 Stunden);

— „Süd" von Propriano nach Porto-Vecchio (5 Etappen von jeweils rund 5 Stunden).

Haute Route: Im Winter ist die Strecke von Bastelica nach Asco, die in 8 Etappen unterteilt ist, nur für körperlich und technisch absolut geübte Skifahrer zu empfehlen. *→Ski*

→Literatur, Ausrüstung, Gebirge

Bevölkerung

Korsika hat etwa 240.000 Einwohner, von denen 40 % in den Städten Bastia und Ajaccio leben. Durchschnittlich kommen auf einen Quadratkilometer 28 Einwohner. Zum Vergleich: In Frankreich sind es 99, in Deutschland etwa 250. Nur 50 % der Einwohner Korsikas sind echte Korsen, die übrigen 50 % sind vor allem Festlandfranzosen oder ehemalige Kolonisten aus Nordafrika. Die Anzahl der Korsen ist auf dem Kontinent mit nahezu 500.000 beträchtlich höher als auf der Insel selbst.

Großzügig angelegte Badeorte täuschen über die Tatsache hinweg, daß Korsika auch heute noch das „Armenhaus" Frankreichs ist. Arbeitsplätze sind trotz steigender Tourismuszahlen und der dafür erforderlichen Dienstleistungen rar, und so versuchen viele junge Leute, sich auf dem französischen Festland eine Existenz aufzubauen. In vielen Bergdörfern sieht man vorwiegend ältere Menschen und Kinder, und viele Häuser scheinen leer zu stehen. Kein Korse hat jedoch seine Insel für immer verlassen. Bereits im letzten Jahrhundert wanderten viele Korsen in die Südstaaten der USA, z. B. nach Louisiana oder nach Südamerika aus, um auf den Baumwoll- und Kaffeeplantagen ihr Glück zu machen. Viele kamen dabei wirklich zu beachtlichem Wohlstand und kehrten im Alter zurück nach Korsika. Manch prächtige Villa aus der ersten Hälfte dieses Jahrhunderts läßt ahnen, wo ihr Besitzer zu Wohlstand gekommen ist. So finden wir z. B. in Evisa ein Haus mit Säulenaufgang, das wie eine Kulisse aus „Vom Winde verweht" wirkt.

Viele Korsen ließen sich auf ihrer Insel bombastische Mausoleen bauen, um in heimischer Erde die ewige Ruhe zu finden. Auf Korsika gibt es noch viele prächtige Familiengruften, die auch heute noch ein Zeichen für Wohlstand und Reichtum sind. Wer heute so eine Grabstätte bauen will, muß nicht nur Korse sein, sondern auch an die 50 000 DM dafür zahlen.

Die Korsen sind sehr traditions- und familienverbunden. Gastfreundschaft wird großgeschrieben, doch sollte der Besucher diese niemals ausnutzen.

→*Religion, Sitten und Gebräuche, Folklore, Geschichte*

Bocognano

Das 600-Einwohner-Dorf Bocognano liegt von Ajaccio 41 km entfernt am Fuße des Monte d'Oro. Es ist ein von Kastanienwäldern eingerahmter, kleiner Erholungsort und ein idealer Ausgangspunkt für Bergwanderungen. Einige preiswerte Gasthäuser und Hotels liegen direkt im Ort. In der Nähe gibt es einen Menhir aus der Zeit um 2000 v. Chr.

Hotels

„Du beau Séjour", Tel. 95.27.40.26; 20 Zimmer, Restaurant, Tennisplätze, ca. 30 bis 60 DM.

„Du 1er Consul", Tel. 95.52.21.39, 15 Zimmer, sehr schön im Wald an einem Fluß gelegen, gutes Restaurant, 50 bis 90 DM.

Bonifacio

Die südlichste Stadt im — europäischen — Frankreich, Bonifacio (3500 Einwohner, 25 km von Porto-Vecchio entfernt), ist ein ungewöhnlicher, beeindruckender Ort und liegt am Ende eines Fjordes auf einer Halbinsel, die aus einem fast 80 m hohen Kalksteintafelfelsen (tertiärer Miozänkalk) besteht. Der geschützte Naturhafen, der schon zu Römerzeiten als Kriegshafen diente, ist heute ein malerischer Yacht- und Fährhafen.

Bonifacio / **Geschichte**

In der Vergangenheit war Bonifacio häufig umlagert und umkämpft. Sarazenen, Pisaner, Genuesen, Spanier, Franzosen und Türken machten sich den navigatorisch und strategisch wichtigen Ort und sicheren Hafen streitig. Im Jahr 828 errichtete der toskanische Markgraf Boniface an gleicher Stelle eine viel umkämpfte Bastion, um die sich mit der Zeit eine pittoreske Ortschaft bildete. Im 12. Jh. nahmen die Genuesen den Ort ein und besiedelten das nahe Umland. Noch heute wird in Bonifacio ein genuesischer Dialekt gesprochen, der auf Korsika sonst kaum verstanden wird.

Im Jahr 1420 versuchten die Spanier unter dem König von Aragon die Stadt zu erobern. Die noch heute begehbare Treppe „Escalier du Roi d'Aragon" soll von den Spaniern in nur einer Nacht vom Meer hinauf zum Ort in die Felsen geschlagen worden sein, um eine Kapitulation der Einwohner zu erzwingen.

Bonifacio / **Sehenswürdigkeiten**

Die bis zu 8 m hohen Stadtmauern wurden im 13. Jh. von den Genuesen erbaut — damals mit zwölf Wachtürmen. Die Arkaden und Bögen über den schmalen Gassen waren Teil eines Bewässerungssystems, mit dem Regenwasser aufgefangen wurde, um es in einer Zisterne zu sammeln.

In der einstigen *Festung* war bis 1983 die Fremdenlegion stationiert. Heute ist ein Teil der regulären Armee dort untergebracht. Ein Teil der Bastion kann auch heute noch besucht werden.

Das *Aquarium* von Bonifacio liegt stilecht in einem Kalksteinfelsen: 100 Fischarten der Umgebung sind hier in zwölf Bassins zu sehen, darunter eine Muräne, Hummer, Katzenhaie, ein Zitterrochen und ein Meer-Aal. Der kleine bescheidene Raum rechtfertigt allerdings kaum den Eintrittspreis von 20 FF (ermäßigt 10 FF, Kinder unter 5 Jahren frei).

Die *Kirche Saint Dominique* gilt als einziges gotisches Bauwerk Korsikas. Im Inneren ist das Holzmobiliar sehenswert. Die 1988 restaurierte *Kirche Saint Maria Maggiore* vereinigt romanische und barocke Elemente in sich. Höhepunkte sind der Marmorsarkophag und das Taufbecken.

5 km südlich von Bonifacio befindet sich der *Leuchtturm Pertusato,* von dem aus man einen schönen Blick auf die Oberstadt Bonifacios und das 12 km entfernte Sardinien hat.

Kulturfreunden sei noch das *Heimatmuseum* in der Oberstadt und Wasserratten eine Grottenfahrt (vom Hafen, Preis: ca. 14 DM) empfohlen.

8 km westlich von Bonifacio liegt die *Ermitage Sainte-Trinité,* eine Wallfahrtskapelle aus dem 13. Jh. Von hier aus läßt sich in 15 Minuten ein 219 m hoher Granitfelsen erklettern, von dem man einen schönen Blick auf den Süden Korsikas hat.

Bonifacio / **Praktische Informationen**

Ärztliche Versorgung: Zwei Zahnärzte (Mr Salvadore, Tel. 95.73.03.73, oder Estelle Santucci, Tel. 95.73.12.15) und drei allgemeine Ärzte: J. Claude Bartoli (Tel. 95.73.02.20), Martin Beretti (Tel. 95.73.00.78) und Olivier Lavalou (Tel. 95.73.10.19). Für dringende Fälle gibt es das Hopital local (Tel. 95.73.95.73).

Apotheke: Buzzo, 85, quai Comparetti.

Autovermietungen: Avis, quai Comparetti, Tel. 95.73.01.28; Hertz, Port de Plaisance, Tel. 95.73.02.47.

Bootsausflüge: Besuch der Drachengrotte und der Grotte von Saint-Antoine du Bain de Vénus, dem Kalkkliff mit den Stufen vom König von Aragon. Abfahrt täglich alle 15 Minuten, Preis ca. 12 DM.

Lavezzi-Inseln, Abfahrt 2mal täglich, Preis ca. 20 DM.

Weitere Ausflüge unter Tel. 95.73.05.43.

Busverbindungen: täglich mehrmals von und nach Bastia und Ajaccio.
Banken: Crédit Lyonnais, 40, rue Saint Erasme; Société Générale, 38, rue St. Erasme.
Camping: 8 Campingplätze stehen zur Wahl: z. B. „Campo di Liccia", Tel. 95.73.03.09; „La Trinité" an der route de Sartène, Tel. 95.73.01.91.
Einkaufen: Oberstadt, Hafen (Souvenirläden), viele Läden in der rue Doria. Surfer sind mit dem „Tam-Tam-Windsurf-Shop" an der rue du Phare gut bedient.
Fähren: NAV.AR.MA: mehrmals täglich nach Sardinien (Bonifacio — Sta. Teresa — Bonifacio), Fahrtdauer ca. 1 Stunde.
Fahrradverleih an der Route de Pertusato.
Hotels
Preis pro Tag und Zimmer zwischen 30 und 50 DM:
„Des Etrangers", av. Sylbere Bohn, Tel. 95.73.01.09; 30 Zimmer, kleines Restaurant; zentral gelegen.
„Du Golfe", Tel. 95.73.05.91; 12 Zimmer, kleines Restaurant und Bar, gemütlich, wenn auch einfach, direkt am Strand.
Preis pro Tag und Zimmer zwischen 60 und 100 DM:
„La Caravelle", Tel. 95.73.00.03, am Hafen, zentral gelegen, 25 Zimmer, Restaurant und Bar, beliebter Treffpunkt.
„Centre Nautique", La Marine, Tel. 95.73.02.11; direkt im Yachthafen, interessantes Publikum, 10 Zimmer, kleine Bar.
Informationen
— Syndicat d'Initiative, rue Longue B.P.35, Tel. 95.73.03.88. Von hier aus werden in der Hochsaison auch mehrmals täglich Stadtführungen durchgeführt.
— Office de Tourisme, rue des deux Moulins, 20137 Bonifacio.
Polizei: Gendarmerie (Tel. 95.73.00.17).
Post: Place Casteletto in der Oberstadt, Tel. 95.73.11.88 (geöffnet Mo-Fr 9-12 und 14-17 Uhr, Sa 9-12 Uhr).
Reiten: Ranch de l'Hazienda an der route de Porto-Vecchio.
Restaurants: „La Rascasse", direkt am Hafen, „U Ceppu", Golf von Santa Manza, etwas außerhalb in Richtung Puerto Vecchio.
Tauchen: Barakouda Club, av. Sylvere-Bohn, Tel. 95.73.13.02; Club Atoll, Cavallo Morto, Tel. 95.73.02.83.
Wassersport- und Segelzentrum: Yachtclub de Bonifacio, Marine, Tel. 95.73.03.13 und 95.73.02.11.

Yachthafen: Capitainerie du Port de Plaisance, Tel. 95.73.10.07, 450 Liegeplätze.
Centre Nautique de Bonifacio, Tel. 95.73.03.13, 30 Liegeplätze.

Bootsausflüge →*Praktische Informationen der jeweiligen Orte*

Boot- und Yachtverleih

Verschiedene Gesellschaften und Organisationen bieten kleine und große Yachten und Boote mit und ohne Steuermann sowie Besatzung an. Zum Teil werden die Boote auch ohne Bootsführerschein vermietet. Preisbeispiel: Motor-Dingi mit 9.9 PS-Motor pro Tag ab 110 DM plus Versicherung. Es müssen hohe Kautionen oder die Kreditkarte hinterlegt werden. Weitere Auskünfte über: A quarante vivre la Mer, Club affilié à la FF, Pietrosella 20166 Porticcio, Tel. 95.25.46.08, oder 34, rue Louis Tralamoni, 94500 Champigny sur Marne.
→*jeweilige Ortschaft*

Weiß leuchten die Kalksteinfelsen vor Bonifacio

Borgo

Der Ferienort Borgo ist beim deutschsprachigen Publikum nicht sehr bekannt und daher nicht so überlaufen.

Der Ort findet besondere Beachtung, weil der französische Schriftsteller Antoine de Saint-Exupéry, der ein begeisterter Flieger war, im Kriegsjahr 1944 mit seiner Einheit von Algier nach Korsika verlegt wurde. Trotz Verbotes übte er mehr Flüge aus, als ihm erlaubt waren. Am 31. Juli 1944 kam er von einem Einsatzflug nicht zurück. Keiner weiß, ob er abgeschossen wurde oder ob er den Freitod wählte. Sein letzter Brief, den er vom Flugplatz Borgo an seine Mutter schrieb, erreichte diese erst ein Jahr später. Der letzte Satz in diesem Brief lautet: „Wann wird es möglich sein, den Menschen, die man liebt, zu sagen, daß man sie liebt". Am Flughafen Bastia erinnert eine kleine Gedenktafel an den Poeten und Literaten. Heute ist in Borgo immer noch ein Militärflughafen sowie ein Stützpunkt der französischen Luftwaffe angesiedelt.

Borgo / **Praktische Informationen**

Bank: Crédit Agricole, résid. la Mormorana, Tel. 95.36.01.82.

Camping: „Esperanza" an der route de Pineto, Tel. 95.36.15.09.

Essen und Trinken: In der „Auberge à la Ferme" an der „RN 198" bei San Giuliano, etwa 5 km südlich von Borgo, kann man nicht nur gut speisen (Menü für 150 FF), sondern auch relativ günstig korsische Spezialitäten erwerben, z. B. ein Pfund Schafskäse für 32 FF.

Hotels

Preis pro Tag und Zimmer bis 60 DM:

„Maraninca", Lucciana, Tel. 95.36.06.63, 12 Zimmer, Strandnähe.

„Castellu Rossu", Lucciana, route d'Aéroport, Tel. 95.36.08.71, 32 Zimmer, 2-Sterne-Hotel, Restaurant.

Preis pro Tag und Zimmer 60 bis 100 DM:

„Chez Walter", Casamozzo, Tel. 95.36.00.09, 30 Zimmer, 3-Sterne-Hotel, komfortabel mit großem Freizeitangebot, Pool; behindertengerecht eingerichtet.

Reiten: Ideale Voraussetzungen, 2 gute Reitclubs: „Cavallu Maranincu", M. Guy Begnini, Pinetu, 20290 Borgo, Tel. 95.36.03.27; „Centre Equestre de la Marana", M. Pierre-Paul Cioci, rue Langunaire, 20290 Borgo, Tel. 95.33.16.76.

Taxi: Station Aéroport Poretta, Tel. 95.36.04.65.

Botschaften →*Diplomatische Vertretungen*
Bräuche →*Folklore, Religion, Sitten und Gebräuche*

Busverbindungen

Busse sind eines der wichtigsten Verkehrsmittel der Insel. Für Tagestouren über weitere Strecken sind sie allerdings weniger geeignet. Es bestehen zwar regelmäßige, aber nur sehr wenige Busverbindungen zwischen den meisten Orten der Insel. Die Busse verkehren oft nur ein- bis zweimal täglich. Meistens fährt frühmorgens ein Bus von den Dörfern in die größeren Orte. Zurück in die Dörfer fahren die Busse am späten Nachmittag oder am Abend. Das ist für die Landbevölkerung praktisch, für den Touristen jedoch ungünstig. Zwischen manchen Orten fährt ein Linienbus sogar nur drei- bis viermal pro Woche. Dies macht eine Zwischenübernachtung unumgänglich. Die Hauptstrecken verbinden die größeren Städte sowie die Kreisorte mit den kleinen, umliegenden Ortschaften. Auskünfte erteilt die S.E.A.C. (Société d'Exploitation d'Autocar en Corse) in den größeren Orten. Das Reisen auf der Insel per Linienbus ist sehr mühselig und zeitaufwendig. Dafür hat es aber einen besonderen Reiz: Nirgendwo kommt der Fremde so „hautnah" mit den Einheimischen zusammen, und es entwickelt sich häufig ein Gespräch. Spannend wird die Begegnung mit den Linienbussen vor allem dann, wenn dem ortsunkundigen PKW- oder Radfahrer solch ein Bus auf den engen Straßen in den Bergen entgegenkommt.
Nachfolgend die gängigsten Verbindungen:

Von Ajaccio nach:	Gesell.	Abfahrt	Fahrtdauer (Std.)
Bastia via Corte		7.45, 15.30	3:15 (werktags)
Bavella		16	3:15
Bonifacio	T	8, 8.30, 15, 16	4
Calvi		8	2
Evisa		7.45, 15.30	7:45 (werktags)
Porto		7.15, 8.30, 15.30	2:30 (werktags)
Porto-Vecchio	T	8, 15, 16	3:30 (werktags)
Propriano	T	siehe Porto-Vecchio	2
Sartène	T	siehe Porto-Vecchio	2:25

Von Bastia nach:	Gesell.	Abfahrt	Fahrtdauer (Std.)
Ajaccio via Corte		7.45, 15	9 (werktags)
Calvi		16.30	2:45
Corte		7.45, 12.45, 15	6:45 (werktags)
Ghisonaccia	C	siehe Ajaccio	1:35
Porto-Vecchio	C	8.30, 16	2:45
St. Florent		10.30, 17.30	0:45 (werktags)

Von Bonifacio nach:	Gesell.	Abfahrt	Fahrtdauer (Std.)
Ajaccio	T	6.30, 8.30, 14.15	3:30
Porto-Vecchio	T	7, 12.30, 16.15, 19	0:30 (werktags)

Von Calvi nach:	Gesell.	Abfahrt	Fahrtdauer (Std.)
Bastia		6.45	2:45
Porto	S	15.20	3 (15.5-15.10)
St. Florent		16	3

Von Porto nach:	Gesell.	Abfahrt	Fahrtdauer (Std.)
Ajaccio	S	7.45, 14.30	2:30 (werktags)
Calvi	S	8	3 (15.5.-15.10.)
Corte		16	3 (werktags)

Von Porto-Vecchio nach:	Gesell.	Abfahrt	Fahrtdauer (Std.)
Ajaccio	T	6.30, 8, 14.15	3:45 (werktags)
Bastia	C	7.45, 13.30	3
Bonifacio	T	8, 13, 15, 19	0:30 (werktags)
Ghisonaccia	C	siehe Bastia	1:10
Sartène	T	siehe Ajaccio	1:20
Propriano	T	siehe Ajaccio	1:45

Ges. = Busgesellschaft

Die bedeutendsten Busgesellschaften Korsikas sind „Corsica-Tours" (Kürzel „C", Tel. 95.70.10.36), „Trinitour" (Kürzel „T", Tel. 95.70.13.83) und „S.A.I.B." (Kürzel „S", Tel. 95.26.13.70).

Ile-Rousse: Auskünfte erteilt SEAC, Tel. 95.21.14.08.

Calvi: Auskünfte erteilt SEAC, Tel. 95.21.14.08.

Tagesausflüge mit dem Bus bietet „Autocars Mariani" von Ile-Rousse und Calvi aus an (Tel. 95.65.00.47, Fax 95.65.26.71).

→*jeweilige Ortschaft*

Calacuccia

Calacuccia ist ein malerisches, 830 m hoch gelegenes Schäferdorf auf dem Granitplateau des Niolu. Der nur 400 Einwohner zählende Ort liegt 58 km von Porto und 100 km von Ajaccio entfernt. Calacuccia ist ein beliebter Luftkurort und ein günstiges Gebirgsausflugszentrum.

Der Ort liegt inmitten von Kastanienwäldern an einem Stausee mit kleinen Badebuchten, auf dem man auch Bootsausflüge unternehmen kann. Sehenswert sind der Staudamm, die typischen alten Steinhäuser, das Kloster und die Kirche mit einem sehr schönen Kruzifix.

In der Nähe liegen das Dorf Albertacce mit einem prähistorischen Museum und das unter Kastanienbäumen versteckte Casamaccioli.

Am 7. und 8. September findet hier ein großes Volksfest mit Sängerwettstreit zu Ehren der Dorfheiligen statt.

Hotels

„De la Scala", Tel. 95.48.02.76; 10 Zimmer; sehr einfach, 30 bis 40 DM.

„Des Touristes", Tel. 95.48.00.04; 35 Zimmer; gute, einheimische Küche, uriger Treffpunkt, 50 bis 100 DM.

Calanches

Les Calanches — das sind bizarre rötliche Felsen zwischen →*Porto* und Piana, die sich mit Phantasie als kunstvolle Skulpturen interpretieren lassen. Diese sogenannten „Tafoni"-Felsen sind Granitblöcke, die durch hohe Temperatur- und Feuchtigkeitsunterschiede sowie die Sonneneinwirkung verwittert sind.

Calenzana

13 km von Calvi entfernt, am Fuße des Monte Grosso-Massivs (1938 m), liegt Calenzana. Der wohlhabende Ort ist Ausgangspunkt für Touren auf den Monte Grosso und für den großen Wanderweg durch das Innere der Insel, GR 20.

Sehenswert ist die 1 km nordöstlich von Calenzana gelegene Wallfahrtskirche *Sainte Restitute,* die auf einem ehemaligen römischen Friedhof erbaut wurde und eine der wichtigsten kirchlichen Stätten der Insel ist. Interessant ist ein Friedhof deutscher Söldner, die hier 1732 im Kampf gegen aufständische Partisanen eingesetzt wurden und umkamen.

Hotels

„Montegrosso", Tel. 95.62.70.15; 10 Zimmer.

„Auberge de la Forêt de Bonifato", Tel. 95.65.09.98; 7 Zimmer; gute, einheimische Küche. Das Hotel liegt zwischen Calenzana und Calvi (25 km von Calvi entfernt).

Preise jeweils zwischen 30 und 95 DM.

Calvi

Calvi (3600 Einw.), Verwaltungszentrum an der korsischen Nordwestküste und malerisch vor den Gipfeln des Cinto-Massivs gelegen, ist eine touristisch attraktive Stadt, die in den Sommermonaten nahezu auf das Zehnfache ihrer Einwohnerzahl ansteigt. Mit ihren Stränden, Ferienanlagen, Hotels, Restaurants, dem Yachthafen und vielen anderen Unterhaltungs- und Ausflugsmöglichkeiten hat sie dem Touristen — einmal ganz abgesehen von dem reizvollen alten Stadtkern — eine Menge zu bieten. So leben dann auch knapp 90 % ihrer Einwohner vom Geschäft mit den Fremden.

Calvi / **Geschichte**

Gegründet wurde die Festung Calvi im 13. Jh. auf römischen Überresten von den Genuesen, denen die Stadt jahrhundertelang treu blieb. Davon kündet noch heute eine Inschrift über dem Stadttor: „Civitas Calvi semper fidelis" — die immer treue Stadt Calvi. Die uneinnehmbare Festung trotzte sowohl den mit den Franzosen verbündeten Türken (1553) als auch den für die Unabhängigkeit Korsikas kämpfenden Paolisten (1757). Im Jahre 1768 mußten die Genuesen die Stadt an Frankreich abtreten. Sie wurde von 1794-96 unter Lord Nelson von den Engländern besetzt und ging, nachdem diese abgezogen waren, für immer in französischen Besitz über. Im 2. Weltkrieg war Calvi ein wichtiger militärischer Stützpunkt. Heute ist im ehemaligen genuesischen Gouverneurspalast ein Regiment der Fremdenlegion stationiert.

Calvi / **Sehenswürdigkeiten**

Calvi teilt sich in die von der genuesischen Zitadelle umschlossene *Haute Ville* (Oberstadt) und die um den Hafen gelegene Unterstadt, die *Marina*. Die Oberstadt ist von den Sehenswürdigkeiten her sicher der interessantere Stadtteil, während dafür um den Hafen herum das Leben in den Straßencafés und den Restaurants pulsiert — besonders wenn die Touristen in Calvi „einfallen".

Die *Zitadelle* (13.-16. Jh.) ist durch die zur Landseite gelegene *Spinchona-Bastion* erreichbar. Über dem Tor ist die oben erwähnte Inschrift eingemeißelt, die die Treue Calvis zu Genua bekundet. Gleich hinter dem Eingang gelangt man nun zum ehemaligen *Palais des Gouverneurs génois,* in dem heute die Fremdenlegion untergebracht ist. Etwas oberhalb der Place d'Armes steht die *Kirche St. Jean Baptiste,* die ursprünglich aus dem 13. Jh. stammt und nach ihrer Zerstörung im Jahre 1567 wiederaufgebaut wurde. In ihrem Inneren gibt es einen schönen Triptychon-Altar und das wundertätige Ebenholzkruzifix zu sehen. In der Karwoche wird hier nach einer feierlichen Prozession traditionell das Canistrelli-Gebäck gesegnet.

Der *Tour du Sel,* der Salzturm, ist durch einen Wehrgang mit der Stadtmauer verbunden; er ist einer der ältesten Wehrtürme und diente später als Salzspeicher. Unternimmt man einen Rundgang auf der alten Wehrmauer, kommt man zu weiteren sehr alten Bastionen, der Malfetano-Bastion im Südosten und der Teghiale-Bastion im Nordosten. Auf dem gesamten Rundgang hat man wunderschöne Ausblicke auf die Marina, die Strände und die Berge im Hintergrund der Stadt.

Nachdem man die engen Gäßchen der Oberstadt durchstreift hat, sind in der Unterstadt die kleine Gemäldesammlung im Hôtel de Ville, die der Stadt vom Kardinal Fesch vermacht wurde, und die sechseckige *Kirche Ste. Marie Majeure* aus dem 18. Jh. sehenswert. Danach hat man sich mit Sicherheit eine Ruhepause in einem der vielen Cafés am Hafen verdient.

Calvi / **Praktische Informationen**

Apotheken: Bernadelli am Maryse-Résidence Laniella; Guerini am Boulevard Wilson; Pharmacie de la Plage in der rue Joffre.

Autovermietungen: Avis (Ollandini) 6, av. République, Tel. 95.65.06.74, Flughafen, Tel. 95.65.06.05.

Budget, Flughafen, Tel. 95.65.10.19.

Hertz, Flughafen, Tel. 95.65.16.06 und in der av. Mal Joffre, Tel. 95.65.06.64.

Garage Luigi, Flughafen, Tel. 95.65.15.31.

Europcar, am Flughafen, Tel. 95.65.10.19.

Bahnhof: Tel. 95.65.00.61; von Juni bis September fahren täglich etwa 10 Züge nach Ile-Rousse. Täglich je zwei Verbindungen nach Bastia und Ajaccio.

Banken: Banque Populaire Provençale et Corse, bd. Wilson.

Crédit Agricole, rue de la République.

Crédit Lyonnais, bd. Wilson.

Bootsausflüge: Tagesausflug nach Girolata, Tour du Golfe und Scandola. Abfahrt 9 Uhr ab Calvi, Rundfahrt, Ankunft 12 Uhr in Girolata, Badeaufenthalt in Girolata, Rückkehr 16.30 Uhr in Calvi, Preis ca. 45 DM. Auskünfte und Buchungen z. B. bei Mariani, quai Landry, Tel. 65.02.55.

Campingplätze: Zwischen Calvi und Ile-Rousse stehen entlang der Hauptstraße 14 Campingplätze zur Wahl, die größtenteils im Wald gelegen sind. Z. B. „Les Tamaris" an der route d'Ajaccio oder „U Libecciu" an der route Pietra Major, Tel. 95.65.10.12. Alle haben eigene Rezeptionen, können aber im voraus über das Verkehrsbüro Calvi gebucht werden. →*Camping*

Fahrrad- und Mofaverleih: Balagne Cycles, 2, résidence Laniella, Tel. 95.65.12.44.

Fallschirmspringen: Aéroclub de Calvi, Tel. 95.65.02.97.

Ferienhaus- und Wohnungsvermittlung: Agence Pandolfi, av. de la République, Tel. 95.65.15.04.

Agence OTT, rue Etienne Millie.

Agence Corse Europe, av. Ch. Colomb. résid. Pinea.

Hotels

Preis pro Tag und Zimmer bis 50 DM:

Jugendherberge „B.V.J. Corsotel" (Auberge de Jeunesse), av. de la République, Tel. 95.65.14.15; 39 Zimmer, preiswertes Restaurant mit Terrasse am Hafen, beliebter Treffpunkt, Zimmerpreis ab 20 DM; direkt am Hafen, am Ortseingang links.

„Pension Oasis", zentral im Ort, Tel. 95.65.06.82; 23 Zimmer, Restaurant und Bar, auch für Körperbehinderte zugänglich, einfach und sauber.

Die ehemals genuatreue Festung Calvi im sanften Morgenlicht ▶

Preis pro Tag und Zimmer bis 100 DM:

„Les Arbousiers", route de Pietra Maggiore, Tel. 95.65.04.45; 40 Zimmer, etwas außerhalb am Strand gelegen, junges Publikum.

„Cyrnea", Tel. 95.65.03.35; am Strand direkt am Ort, 40 Zimmer.

Preis pro Tag und Zimmer über 100 DM:

„Balanea", 6, rue Clémenceau, Tel. 95.65.00.45, 40 Zimmer, zentral am Hafen, 3-Sterne-Hotel mit Charme und Komfort.

Information: Büro beim Port de Plaisance, Tel. 95.65.16.67.

Krankenhaus und Notarzt: Antenne Médicale, S.M.U.R., ancien Presbytére, Tel. 95.65.11.22.

Mini-Golf: an der Hauptstraße nach Bastia.

Polizei: Police municipale, av. de la Republique; Gendarmerie, route de Porto.

Post: bd. Wilson.

Privatzimmer: Zum Teil sehr preiswert, Privatzimmer ab 15 DM pro Tag, Auskunft im Verkehrsbüro.

Reitmöglichkeiten: La Jument Pie, route de Calvi, 20260 Lumio, Tel. 95.60.74.40.

Restaurants: „Ile de Beauté", quai Landry. „Comme chez soi", quai Landry. „Chez Doumé", place de l'Eglise. „Ciucciarella", route d'Ajaccio.

Schiffsverbindungen: *SNCM:* von/nach Nizza, Marseille, Toulon; *Corsica Ferries:* von/nach Genua, San Remo.

Sport: Minigolf an der Hauptstraße nach Bastia

— Fallschirmspringen beim Aeroclub de Calvi, Tel. 95.65.02.97

— Tennis bei „Tennis Municipaux", Tel. 95.65.14.29. Die Stunde kostet 15 DM, dazu Schläger und Bälle 12 DM.

— Segel- und Surfschule (Tel. 95.65.10.65).

— Wasserski (Tel. 95.65.11.20).

— Tauchen: Castille, Port de Plaisance, Tel. 95.65.14.05; Club de la Citadelle, B.P. 104, Tel. 95.65.33.67.

Taxi: Syndicat Artisans Taxis, Place de la Porteuse-d'Eau, Tel. 95.65.03.10.

Veranstaltungen: Zitadellen-Fest, Jazz-Tage und Segelregatten im Sommer.

Yachthafen: Capitainerie du Port de Plaisance, Tel. 95.65.10.60; 350 Liegeplätze.

Camping

Korsika ist ein Paradies für Campingfreunde. Die vielfältigen Möglichkeiten im Landesinneren, im Gebirge oder direkt am Meer bieten auf 180 Campingplätzen mehr als 50.000 Gästen Platz. Verschiedene Plätze liegen im FKK-Gelände. Besonders auffallend ist die Sauberkeit der Bergcampingplätze. Dazu in krassem Gegensatz stehen die Unzulänglichkeiten und Unsauberkeiten auf den Plätzen in Meeresnähe. Manche Plätze verfügen nur über einfachste sanitäre Einrichtungen, die dann von den Besuchern auch noch erbärmlich zurückgelassen werden. Der naturverbundene Camper sollte deshalb die Campingplätze im Landesinneren vorziehen. Wildes Zelten ist strengstens verboten und wird auch mit hohem Bußgeld bestraft. Die Behörden sind hier nicht zimperlich. Außerhalb der eingerichteten Campingplätze ist die Genehmigung der Grundstückbesitzer unbedingt einzuholen. Daß offenes Feuer verboten ist und jeder seinen Müll wieder mitnimmt, versteht sich von selbst. Über das französische Fremdenverkehrsamt bzw. über die örtlichen Touristikbüros kann ein Campingplatzverzeichnis angefordert werden.

Anschriften:

Fédération Régionale de l'Hôtellerie de Plein Air de la Corse-du-Sud, Camping „U Prunelli", 20166 Porticcio.

Fédération Régionale de l'Hôtellerie de Plein Air de la Haute-Corse, Camping „Monto Ortu", 20260 Lumio.

Fédération Française de Camping Caravaning (FFCC), Délégué départemental Haute-Corse: M. Pascal Monelli, 11, rue Luce de Casablanca, 20200 Bastia.

Délégué départemental Corse-du-Sud: M. Jean Maiboroda, chemin du Salario, 20000 Ajaccio.

Unter den „Praktischen Informationen; Camping" sind beispielhaft einige Plätze der jeweiligen Ortschaften angegeben.

Wohnwagen

Wohnwagen und Campmobile können über deutsche Reisebüros oder den ADAC wochenweise angemietet werden bei:

— „Corsicaravanes" (Galerie Diamant II, Résidence „Diamant", 20000 Ajaccio, Tel. 95.21.87.12) oder

— „Routes Insolites", route de Bastia, 20220 Ile-Rousse, Tel. 95.60.16.01, P 1200 DM, inkl. Kilometer, plus Versicherungen.

Canari

Das ca. 330 Einwohner zählende Dorf Canari ist terrassenförmig an der Westseite des Cap Corse angelegt. Die beiden Kirchen Santa Maria-Assunate aus dem 12. Jh. und St. Fançois bieten als Sehenswürdigkeiten besonders schöne Grabplatten und Barockbilder.
Die türkisblauen Halden zwischen dem Meer und dem Mount Cuccaro zeugen noch vom Schiefer-Tagebau für die Asbestproduktion, der 1965 eingestellt wurde.

Canari / **Praktische Informationen**
Ärztliche Versorgung: E. Delsaux, Tel. 95.37.85.27.
Hotel: „La Campana" (Tel. 95.37.85.47) und „Au bon Cloche" mit 14 Zimmern (Ü/F 50 DM, Tel. 95.37.80.15), der Wirt Paul Dimanza serviert selbstgefangene Langusten.
Post: gegenüber vom „Au bon Cloche".

Cap Corse

Die 40 km lange und durchschnittlich 10 km breite, daumenförmige nördliche Halbinsel, das Cap Corse, wird häufig als ein Miniatur-Korsika bezeichnet, da es auf kleinem Raum eine ähnliche Landschaftsstruktur aufweist wie die gesamte Insel. Von Süden nach Norden durchzieht die Halbinsel ein Gebirgskamm, dessen höchste Erhebung, der Monte Stello, 1307 m mißt und von dem zu beiden Seiten Nebenkämme mit Wildbächen abgehen. In den Quellgebieten der Bäche sind kleine, verstreute Bergdörfer und an ihren Meeresmündungen Hafensiedlungen entstanden. Die westliche Steilküste ist schroff und fällt teilweise — wie z. B. bei Nonza — senkrecht ins Meer. Die Ostküste dagegen ist sanfter und flacher. Insgesamt ist die Landschaft sehr vielseitig: Saftiges Gartenland, Macchia, Korkeichenwälder, Höhenzüge, malerische Badebuchten, Felsvorsprünge, Kaps und Landzungen bieten dem Auge besonders bei einer Umrundung des Cap Corse auf der Küstenstraße (D 80) ein abwechslungsreiches Programm. Für diese Rundfahrt auf der D 80 muß man mindestens einen Tag einplanen, eigentlich ist es aber angebracht, mehr Zeit zu veranschlagen, da die Strecke eng und extrem kurvenreich ist, und man außerdem noch ein paar Abstecher in einige der vielen malerischen Bergdörfer wie z. B. Canari unternehmen sollte. Zu empfehlen sind auch Badestopps an einer der idyllisch gelegenen Buchten. Überdies ist das

Cap Corse für Segelfans sehr attraktiv, da es mit seinen vielen natürlichen Yachthäfen ideale Voraussetzungen bietet. Eine gewisse Berühmtheit hat die Halbinsel ebenfalls wegen ihrer guten und schweren Weine — vor allem Muskateller und Malvasier — sowie wegen des bekannten Aperitifs „Cap Corse" erlangt.

Cargèse

An der Westküste, zwischen Ajaccio und Porto, liegt der hübsche kleine Ort Cargèse (900 Einw.), in dem sommers wie winters ein angenehm mildes Klima herrscht. Er schmiegt sich an ein Vorgebirge gegenüber der Bucht von Sagone und ist in ein kleines Tal gebettet, das im Westen und im Osten von zwei genuesischen Türmen überragt wird. 2 bzw. 8 km nördlich liegen die beiden schönen Badebuchten Plage de Pero und Golfe de Chiuni. Außerdem besitzt Cargèse einen Yachthafen.

Im Jahre 1773 wurde die Siedlung von griechischen Emigranten gegründet, die an anderen Orten der Insel nicht so wohl gelitten waren, u. a. wohl deshalb, weil sie es zu bescheidenem Wohlstand gebracht hatten.

Einsame Bucht an der schroffen Westküste des Cap Corse

In Cargèse sind die griechischen Nachfahren heute noch gut etabliert, viele Familiennamen sind eindeutig griechisch, und die griechisch-orthodoxe Gemeinde zählt etwa 300 Mitglieder. In der Eglise grècque, der griechisch-orthodoxen Kirche aus dem Jahre 1852, gibt es interessante Ikonen zu besichtigen, die zum Teil von Mönchen des Klosterbergs Athos in Griechenland stammen sollen. Ihr genau gegenüber steht die barocke katholische Kirche aus dem 18. Jh., die *Eglise latine*.

Dem Touristenrummel kann man entgehen, wenn man sich in die kleinen, angenehmen Hotels am Ortseingang zurückzieht. Ein Tip: Unbedingt ein Hotel auf der Meerseite wählen, da der Straßenlärm in den Häusern auf der anderen Seite unerträglich ist. Bleibt noch zu erwähnen, daß Cargèse ein beliebter Homosexuellen-Treffpunkt ist.

Cargèse / **Praktische Informationen**

Ärztliche Versorgung: Allgemeinärzte Dr. Bard in der rue Marbeuf (Tel. 95.26.45.37), Dr. Poggi in der rue du Colonel Fieschi (Tel. 95.26.45.60) und Zahnarzt Dr. Zivaco in der rue de Martinettis (Tel. 95.26.45.88).

Apotheke: rue du Dr. Dragacci, Tel. 95.26.40.30.

Autovermietung: Pieri, route de Puntiglione, Tel. 95.26.44.20, und Tankstelle ELF, Tel. 95.26.41.09.

Banken: Banque Populaire Provençale et Corse, Tel. 95.26.40.43. Crédit Agricole, Tel. 95.26.41.75.

Busverbindungen: täglich mehrmals nach Ajaccio, Ota und Porto (außer sonntags). Auskunft unter Tel. 95.21.53.74.

Camping: Der „Torracia-Platz" liegt 4 km nördlich von Cargèse (Tel. 95.26.42.39, geöffnet 1.6.-30.9.).

Hotels

Preis bis 100 DM pro Tag und Zimmer:

„Bel Mare", Tel. 95.26.40.13; 13 Zimmer, sehr freundliche Wirtsleute, hervorragende Küche, Restaurant mit großer Terrasse, alle Zimmer mit Meerblick und absolut ruhig. Abends sind auch schon mal Gitarrenspieler im Restaurant.

„De France", Tel. 95.26.41.07; 12 Zimmer, am Ortseingang, gutes Restaurant, freundlich und gemütlich.

„Cyrnos", Tel. 95.26.40.03; 16 Zimmer, freundlich, gute und preiswerte Küche.

„Beau Rivage", in Strandnähe, Tel. 95.26.43.91; 15 Zimmer, sehr gutes Restaurant, ruhige Zimmer.

„La Spelunca", am Ortseingang in einer Kurve, Tel. 95.26.40.12; leider sehr, sehr laut, da der ganze Durchgangsverkehr unmittelbar am Hotel vorbeidonnert, schade, denn der Service und die Küche sind gut.

Information: Syndicat d'Initiative in der rue du Docteur Dragacci, 20130 Cargèse, Tel. 95.26.41.31. (Öffnungszeiten: 1.6.-30.9. von 8.30-12 und 16-19 Uhr; 1.10.-31.5. nur 15-17 Uhr).

Nachtleben: Diskothek „Le Polpu" in der rue du Colonel Fieschi.

Polizei: In der route de Paomia, Tel. 95.26.45.17.

Post: In der Innenstadt, Tel. 95.26.41.97.

Schiffsausflüge: Besuch der Grotten und Felsschluchten des Capo Rosso und der Calanche de Piana täglich ab 9 Uhr (Tel. 95.26.41.10).

Sport: Tauchen (Kurse beim Hafen).

Taxi: Angeletti (Tel. 95.26.40.49) oder Pieri (Tel. 95.26.40.31 und 95.26.44.20).

Cascades → *Kaskaden*

Casinca

Diese fast 40 km lange Schwemmlandküste südlich von → *Bastia* an der Ostküste Korsikas ist sehr fruchtbar. Einst Kornkammer des antiken Roms, sind hier heute Gemüse-, Obst- und Weinkulturen zu finden. Für die meisten Touristen ist allerdings der flache Sandstrand interessanter.

Castagniccia

Mesozoische und tertiäre kristalline Schiefer bilden diese bis zu 1700 m hohe Landschaft, die sich südwestlich der → *Casinca,* also nahe der Ostküste Korsikas befindet — begrenzt von den Flüssen Golo im Norden und Tavignano im Süden. Der Name „Castagniccia" verrät die Vegetation: Kastanienwälder bedecken die Hügel und bild(et)en die Grundlage für die heimische Wirtschaft: Küche (→ *Essen und Trinken)* und das Handwerk (Holzgegenstände).

Centuri Port

Centuri Port liegt in der Nordspitze des Cap Corse an dessen Westküste und ist sicher eines der reizvollsten Fischerdörfer der Halbinsel. Zur Zeit der korsischen Unabhängigkeit wurde der Hafen von dem Freiheitskämpfer Pascal Paoli zum Kriegshafen umfunktioniert, heute dient er hauptsächlich dem Langustenfang mit den typischen Reusen aus Myrtenästen, die man häufig in den Vorgärten liegen sieht. Außerdem gilt er als einer der malerischsten und anziehendsten Yachthäfen ganz Korsikas.

Charakteristisch für das kleine Dörfchen sind auch die Fischerhäuschen mit den leuchtend grünen Dächern aus dem Gestein Serpentin, das aus der Gegend stammt.

Hotels

„Le Vieux Moulin", Tel. 95.35.60.15; 12 Zimmer, Pool, Tennis, Restaurant.

„Le Centuri", Tel. 95.36.61.70; 30 Zimmer, Restaurant, Bar.

„Le Pêcheur", Tel. 95.35.60.14; 6 Zimmer, Restaurant und Bar.

Alle drei Hotels liegen direkt am Yachthafen und sind einfach, sauber und preiswert, freundliche Atmosphäre.

Cervione

Am Rande des grünen Berglandes der Castagniccia (korsisch für Kastanienwald), am Osthang des Monte Castello, liegt in 320 m Höhe die kleine Stadt Cervione (1500 Einw.), die das Zentrum dieser Gegend bildet. Obwohl der Ort nur 6 km von der Küste entfernt ist, wird er von Touristen nicht allzusehr heimgesucht, sondern ist ein „echtes" korsisches Kleinod mit vielen schönen Bars und Cafés.

Im Jahre 1736 war Cervione Residenz des sauerländischen Abenteurers Baron Theodor von Neuhoff, der sich hier als korsischer König für die Unabhängigkeit Korsikas stark machen wollte. Zur Einführung in Amt und Würden wurden sogar Münzen geprägt, von denen einige noch in korsischen Museen zu finden sind.

Cervione / **Sehenswürdigkeiten**

Die wichtigsten kirchlichen Gebäude wurden im 16. Jh. errichtet. In der *Kathedrale* mit der mächtigen Kuppel gibt es ein schönes Chorgestühl aus Kastanienholz zu sehen. Im Bischofspalais ist das *Volkskundemuseum* untergebracht (Öffnungszeiten: 10-12 und 14.30-18 Uhr, sonn- und feiertags geschlossen).

Am nördlichen Ortsausgang Cerviones, etwa 500 m vom Stadtteil Valle di Campoloro entfernt, erreicht man nach einem etwa halbstündigen Fußmarsch die kleine *Chapelle Sainte Christine* (den Schlüssel muß man sich

vorher beim Bürgermeister von Valle di Campoloro holen) mit einer seltenen romanischen Doppelapsis. Die schönen Fresken im Inneren der
Kapelle wurden im 15. Jh. hergestellt und sind relativ gut erhalten.

Cervione / **Praktische Informationen**
Autovermietung: Citer, Garage Ziglioli, Tel. 95.38.00.05.
Einkaufen: Korsische Spezialitäten gibt es am Kirchplatz (Kastanienmehl,
Käse, Wein u.a.).
Hotel: „Saint Alexandre", Tel. 95.38.10.83.11; 11 Zimmer, am Fluß gelege-
nes, kleines 1-Sterne-Hotel mit typisch korsischem Restaurant. Zimmer-
preise zwischen 45 und 75 DM.

Châteaux Hôtels de France
Unter den Châteaux Hôtels de France versteht man historische Gebäude, vorzugsweise Schlösser oder alte Landsitze, die zu gediegenen Hotels umgebaut wurden, in denen man edel speisen kann und selbstverständlich den entsprechenden Preis zahlt.

Col de Bavella →*Gebirge, Bavella*

Corte
Am Zusammenfluß des Tavignano und der Restonica, auf einem aus der
Talebene aufragenden Felsen, liegt das Herzstück des unabhängigen Kor-
sika, die 6000-Einwohner-Stadt Corte. Ihren krönenden Abschluß bildet
hoch oben die Zitadelle, die lange Zeit als uneinnehmbar galt. Seit dem
Abzug der Einheiten der Fremdenlegion im Jahre 1983 kann sie wieder
besichtigt werden.
Corte ist ein beliebter Ausgangspunkt für Wanderungen in die Restonica-
Schlucht mit dem Melo- und Capitello-See sowie in das Tavignano-Tal.

Corte / **Geschichte**
Die Ursprünge der Festung sind schon aus dem 11. Jh. belegt, ihre heutige Gestalt erhielt sie jedoch erst im 15. Jh. durch Vincentello d'Istria,
der die Stadt für die Aragonesen im Jahre 1419 einnahm und die Anlage
weiter ausbaute. Bald schon, im Jahre 1433, ging Corte wieder an Genua zurück, und fortan wechselten sich Franzosen und Genuesen bis
ins 18. Jh. in der Herrschaft über die Stadt ab. Dann traten aufständische

Korsen auf den Plan: Unter Gianpietro Gaffori nahmen sie die strategisch wichtige Stadt ein, und nach dessen Ermordung erklärte der Freiheits-kämpfer Pascal Paoli sie zur Hauptstadt eines unabhängigen Korsika (1755-1769). Eine Verfassung wurde erarbeitet, die schon damals die Prinzipien der Volkssouveränität und der Gewaltenteilung vorsah, und eine Universität wurde gegründet. Diese blieb, nachdem die Franzosen 1769 die Herrschaft über die Stadt erlangt hatten, lange Zeit geschlossen und wurde erst im Jahre 1981 als Universität Pascal Paoli wiedereröffnet. An den verschiedenen Fakultäten, unter denen natürlich auch eine für korsische Studien nicht fehlen darf, sind rund 2000 Studenten eingeschrieben.

Corte / **Sehenswürdigkeiten**

Das beeindruckendste Bauwerk von Corte ist die oben erwähnte *Zitadelle,* die wie ein Adlerhorst 100 m hoch auf dem Felsen thront. 1419 von Vincentello d'Istria erbaut, galt sie immer als Symbol gegen Unterdrückung. Sie kann von Juni bis Oktober von 9-20 Uhr besichtigt werden, in den übrigen Monaten nur bis zum Einbruch der Dunkelheit (Eintritt: 10 FF). In der Zitadelle sind die ehemalige Kaserne und alte Gefängnisse zu sehen. Außerdem sind hier eine Ausstellung für moderne Kunst (geöffnet 10-12 und 15-18 Uhr) und ein Informationsraum des korsischen →*Naturparks* untergebracht. Geplant ist auch ein Korsisches Museum für Anthropologie.

Der Zitadelle südlich vorgelagert befindet sich der Aussichtspunkt *Belvédère.* Von hier aus hat man einen wunderschönen Blick auf das enge Gassengewirr der Altstadt, das Gebirge und die Täler der Restinca und des Tavignano.

Unterhalb der Festung erstreckt sich die Altstadt. Sehenswert sind der *Palais National* an der Place Poilu, in dem einst die genuesische Verwaltung, von 1755 bis 1769 die unabhängige korsische Regierung saß und wo heute die Fakultät für korsische Studien untergebracht ist. Weiter unten folgt die Place Gaffori mit der Statue des General Gaffori, die 1901 ihm zu Ehren vor seinem Haus aufgestellt wurde. Gegenüber steht die *Eglise de l'Annonciation* aus dem 15. Jh. mit dem barocken Glockenturm, hinter ihr das *Oratorium des hl. Théophile,* der als Schutzheiliger verehrt wird. Auf der Place Paoli, die man über die Rue Scoliscia erreicht, stößt man auf den zweiten Symbolträger der korsischen Unabhängigkeit: Die

Bronzestatue des Freiheitskämpfers Pascal Paoli wurde hier 1854 aufgestellt.

Über den Cours Paoli, der nördlich vom Platz abgeht, verläßt man die Altstadt. Rechts davon geht der Place du Duc de Padoue mit der Statue des General Arrighi de Casanova ab, und an seinem Ende steht das neue Rathaus.

Corte / **Praktische Informationen**

Ärztliche Versorgung: Hôpital Civil, La Gare, Tel. 95.46.05.36.

Apotheken: „Leschi" und „Manzi" am Cours Paoli oder „Pancrazi-Battesti" in der av. Xavier Luciani.

Autovermietungen: Avis (Ollandini), place Xavier-Luciani, Tel. 95.46.25.54. Hertz, rue Xavier-Luciani, Tel. 95.46.24.62.

Bahnverbindungen: Der Bahnhof (Tel. 95.46.00.97) liegt an der N 193, ca. 1 km von der Altstadt entfernt, mehrmals täglich fahren Züge nach Ajaccio, Calvi und Bastia.

Banken: Caisse d'Epargne, Tel. 95.46.13.33. Crédit Agricole, 19, cours Paoli, Tel. 95.46.09.75. Crédit Lyonnaise, 17, cours Paoli, Tel. 95.46.00.63. Société Général, 24, cours Paoli, Tel. 95.46.00.81.

Busverbindungen: Mehrmals täglich fahren Busse nach Ajaccio, Bastia und in die nahe gelegenen Bergdörfer.

Camping: 8 Campingplätze stehen zur Wahl, z. B. „U Tavignanu" an der Chemin de Balini, Tel. 95.46.16.85.

Einkaufen: Korsische Handwerkskunst gibt es in der „Casa di l'Artigiani" am Eingang zum Restonica-Tal und in Bocognano.

Fahrradverleih: „Corte Location Service" bietet u. a. auch Mountain-Bikes an (Tel. 95.46.07.13).

Hotels

Bis 70 DM pro Tag und Zimmer:

„Auberge de la Restonica", Vallée de la Restonica, Tel. 95.46.09.58; 10 Zimmer, am Ortseingang, sehr romantisch in herrlicher Waldgegend am Berg gelegen, für Körperbehinderte geeignet. Sehr einfach, aber urgemütlich. Gutes, preiswertes Restaurant. Dies Haus gehört zu den empfohlenen Gasthäusern der „Schlemmerrundreise"

„De la Poste", Tel. 95.46.01.37; 12 Zimmer, direkt im Ort gelegen, sehr einfach, etwas verwohnt.

„Sampiero Corso", Tel. 95.46.09.76; 31 Zimmer, gelegen in schönster Waldlage außerhalb der Ortschaft, 2-Sterne-Hotel, sehr familiär.

„De la Paix", Tel. 95.46.06.72; 60 Zimmer, im Ortskern von Corte gelegen, einfaches Haus, obwohl es 2 Sterne hat, Restaurant preiswert.

Information: Commission Municipale du Tourisme, Citadelle, 20250 Corte (Tel. 95.46.24.20, geöffnet 1.5.-31.10. von 9-12 und 14-17 Uhr).

Syndicat d'Initiative, 20250 Corte (geöffnet 9-12 und 14-18 Uhr, So 9-20 Uhr).

Nachtleben: Die meisten Bars und Diskotheken befinden sich am Cours Paoli.

Polizei: rue Xavier Luciani, Tel. 95.46.02.17; Gendarmerie, Tel. 95.46.04.81.

Post: av. du Baron Mariani, Öffnungszeiten: Montag bis Freitag 8-12 und 14-19 Uhr, Samstag 8-12 Uhr.

Restaurants: 25 Lokalitäten stehen zur Auswahl, die meisten am Place Paoli und Cours Paoli.

Sport: Mit dem Kanu/Kajak durch den Tavignanu: „An Rafting", Tel. 95.46.83.59.

Taxi: Tel. 95.46.04.88.

Veranstaltungen: Internationales Folklore-Festival im Juli.

Désert des Agriates

Unter dem Désert des Agriates versteht man eine an der Nordküste zwischen Ogliastro und St. Florent gelegene felsige, teilweise macchiaüberwucherte und fast menschenleere Einöde. Diese 16 358 ha große Steinwüste ist vor allem von anspruchslosen Dornensträuchern bewachsen. Im Winter, wenn die Berge mit Schnee bedeckt sind, grast hier ein Großteil des korsischen Viehs. Sehenswert sind die zwei Dolmen (= steinzeitliche „Steintische") bei Casta am Monte Revinco. Die chaotische Anordnung der Felsen und die große Hitze wirken bedrückend. Deshalb und außerdem wegen der schlechten Verkehrsverbindungen sind Wanderungen oder gar Fahrradausflüge nicht zu empfehlen.

Diplomatische Vertretungen

Auf der Insel selbst gibt es keine Konsulate o. ä. der deutschsprachigen Länder. Die nächste Vertretung sitzt in Marseille:

Corte — das „Herz" des unabhängigen Korsika ▶

Deutsche Botschaft, 13-15, av. F.D. Roosevelt, 75008 Paris, Tel. 01.42.99.78.00. Konsulat in Marseille, Tel. 91.77.60.90.

Schweizer Generalkonsulat in Marseille, Tel. 91.53.36.65.

Österreichisches Konsulat in Marseille, Tel. 91.53.02.08.

Einkaufen

Besonders für den Selbstversorger ist es wichtig zu wissen, daß fast alle Waren, und somit auch die Grundnahrungsmittel, vom französischen Festland bzw. aus dem Ausland kommen und teurer sind als z. B. auf dem Festland. Die Supermärkte und Geschäfte innerhalb der Ferienorte sind immer teurer als die großen Discountsupermärkte in der Nähe der Städte, in denen auch die Inselbewohner einkaufen gehen. Als Mitbringsel für daheim eignen sich hervorragend korsischer Wein, Honig oder auch korsischer Käse, der dann aber erst am letzten Tag gekauft werden sollte. In den kleinen Bergdörfern werden oft hübsche Töpfer- und Korbarbeiten und anderes Kunsthandwerkliche, wenn auch nicht unbedingt Typisches, angeboten. Handeln ist nur auf den Märkten und bei Straßenhändlern üblich. Große Verbrauchermärkte gibt es in fast allen Küstenorten und entlang der Hauptstraßen.

Öffnungszeiten

Die meisten Geschäfte sind von 12-15 Uhr (bzw. Supermärkte von 12.30-15.30 Uhr) geschlossen, dafür aber bis 19 Uhr geöffnet, in einigen Supermärkten und Touristengegenden noch länger. Kleinere Läden und Bäckereien haben auch sonntags geöffnet.

→*Reiseandenken, Essen und Trinken, Preise, Wein und Winzer, Märkte*

Energie

Elektrische Energie wird zum Teil vom französischen Festland bezogen. Bedeutende Kraftwerke auf Korsika sind das Elektrizitätswerk von Lugo di Nazzai und der Staudamm am Fluß Fium'Orbu nahe Ghisonaccia. In den Stauseen lagern 2 Millionen Kubikmeter Wasser, die zur Gewinnung von 40 Megawatt Strom benötigt werden.

Erbalunga

Dieses 1000 Menschen zählende Fischerdörfchen liegt auf einer Felsenhalbinsel des →*Cap Corse.* Erwähnenswert sind der verfallene genuesische Wachturm sowie die *Grotte de Brando,* eine 100 m tiefe Höhle (2 km südlich von Erbalunga). Touristische Infrastruktur (Hotels) ist nicht vorhanden, dafür gibt es einige Restaurants und Cafés. Die nächstgrößeren Orte sind →*Sisco* und →*Bastia*.

Ermäßigungen

Bei Buchungen unbedingt auf die günstigen Bahnermäßigungen achten. Alle Ermäßigungen der französischen Bahn gelten auch auf den Fähren von französischen Häfen nach Korsika.

Wer mit Kindern reist, sollte unbedingt einen Preisvergleich bei den Pauschalreiseanbietern vornehmen, oft sind die Übernachtungskosten für Kinder bei Unterbringung im gleichen Zimmer im Reisepreis enthalten. In der Nebensaison gibt es darüber hinaus günstige „3-für-2"-Angebote, bei denen drei Wochen Aufenthalt gebucht, aber nur zwei Wochen bezahlt werden.

→*Pauschalreisen*

Essen und Trinken

Wer gerne ißt und trinkt, wer es mal deftig, mal mediterran verspielt oder exquisit und elegant französisch mag, der ist auf Korsika genau richtig. Der starke Einfluß der italienischen Küche ist bei fast allen Gerichten zu spüren, alles hat jedoch seinen inselspezifischen Geschmack und seine eigene Zubereitungsart. Die französische Küche erfährt durch die korsischen Varianten eine unvergleichliche Bereicherung. Besonders für Liebhaber von Fisch und Meeresfrüchten gibt es auf Korsika ein reichhaltiges Angebot: Fische, Langusten, Seeigel, Muscheln, Austern, Meerbarben und Goldbrassen stehen auf den Speisekarten der Restaurants an der Küste.

Besondere Erwähnung verdienen auch die vielen Varianten köstlicher Fischsuppen sowie Forellen und Aale aus den Flüssen und Gebirgsbächen, die hier auf Korsika besonders schmackhaft angerichtet und gegrillt werden.

Reich ist das Angebot an Wild, das in der Macchia lebt. Aus Wildschweinen, Rebhühnern, Schnepfen und Wildtauben werden vorzügliche Gerichte zubereitet.

Zur korsischen Feinschmeckerküche gehören auch Pasteten aus Drosseln und Amseln, die wir hier jedoch unerwähnt lassen wollen.

Die Wurst verdankt ihren unvergleichlichen Geschmack der natürlichen Lebensweise korsischer Schweine. Diese leben zum größten Teil in Freiheit in den Bergwäldern, paaren sich hier und da mit Wildschweinen, laufen sehr viel und ernähren sich von Kastanien und Eicheln oder auch von Proviantrationen unvorsichtiger Bergwanderer. Auf jeden Fall hat dieses Schweinefleisch ein ganz besonderes Aroma und wird zu Spezialitäten wie z. B. der *Coppa,* einem luftgetrockneten Schinkenaufschnitt, verarbeitet.

Empfohlen sei auch ein vorzügliches Kuttelgericht, die *Tripa de mouton,* die reichlich mit Rosmarin und anderen aromatischen Kräutern gewürzt in pikanter Soße serviert wird. Neben der schon erwähnten „Coppa" wird *Prisutto* und *Lonzu* als Schweinefleischaufschnitt gereicht. Sehr gut sind auch *Figatellis,* kalt oder warm servierte, sehr aromatische Leberwürste.

Die Käsesorten, ob aus Ziegen- oder Schafsmilch, bieten durch ihre Vielfältigkeit eine außergewöhnliche Geschmacksskala. Der *Brocciu,* eine Art Ziegenmilchfrischkäse, wird sowohl „pur" gegessen als auch zur Zubereitung diverser süßer und pikanter Gerichte verwendet. Viele Käsesorten werden in aromatischen Käutern und Ölen eingelegt und erhalten so eine besondere Würze; ihr Aroma nur als streng zu bezeichnen, ist stark untertrieben, im Geschmack sind sie für Käsefans jedoch unübertrefflich.

Kastanien waren in der Vergangenheit ein Hauptnahrungsmittel der Korsen. Typisch, aber selten sind daher Gerichte wie *Pulenda* (Kastanienbrei), *Brilulli* (Kastanienbrei mit Ziegenmilch), *Fasgiole* (geröstete Maronen), *Ballotte* (Kastanien mit Fenchelscheiben) oder Gebäck, z. B. *Frutelli.*

Pasta, also Teigwaren wie gefüllte Canneloni und Lasagne, werden auf ganz eigene Weise zubereitet und nehmen einen großen Platz auf dem korsischen Speisezettel ein.

Zur Zeit gibt es leider noch kein Kochbuch der korsischen Küche in deutscher Sprache, es werden in diesem Band jedoch einige spezielle Restaurants mit korsischer Küche genannt.

→*jeweilige Ortschaft, Wein und Winzer*

Evisa

20 km östlich von Porto liegt zwischen dem Aïtone- und dem Porto-Tal in ca. 800 m Höhe eines der beliebtesten Feriendörfer Korsikas, Evisa (250 Einw.). Das Dorf mit den imposanten Privatvillen, die an den Roman „Vom Winde verweht" erinnern, bietet schöne Ausflugsmöglichkei-

ten: Durch den Wald von Aïtone gelangt man zum Col de Vergio (1477 m), dem höchsten Paß Korsikas; schöne Wanderungen kann man in der Spelunca-Schlucht entlang des Flüßchens Porto und zu den Endinoso-Wasserfällen unternehmen.

Evisa / **Praktische Informationen**
Camping: „Acciola", Tel. 95.26.23.01, geöffnet 1.6.-30.9., mit schönem Blick auf die Bucht von →*Porto.*

Hotels
Bis 60 DM pro Zimmer und Tag:
„Le Belvedere", Tel. 95.26.10.64; 12 Zimmer, Neubau im Ort, einfach und sauber.
„Du Centre", Tel. 95.26.20.96; 8 Zimmer, freundliche Wirtsleute, nettes Restaurant.
„Aïtone", Tel. 96.26.20.04; 31 Zimmer, Restaurant, etwas außerhalb am Fluß gelegen. Das Haus gehört zu den empfohlenen Gasthäusern der „Schlemmerrundreise".
Bis 100 DM pro Zimmer und Tag:
„Scopa Rossa", Tel. 95.26.20.22; 24 Zimmer, neues, etwas außerhalb gelegenes, freundliches Haus, Restaurant und Bar.
Information: Mairie, 20216 Evisa.
Reiten: „A Stalla d'Evisa" am Ortseingang.

Fähren
Es gibt Fährverbindungen vom bzw. zum französischen und italienischen Festland sowie zu den umliegenden Inseln wie Elba und Sardinien. Zu beachten ist, daß die Fähren während des Winterhalbjahres eingeschränkt oder überhaupt nicht verkehren.
Die folgenden Abfahrtszeiten und Preise sind Richtwerte für die Hochsaison im Sommer und variieren geringfügig.

Verbindung	Dauer Std.	Abfahrtszeiten (Hochsaison)	Preis in DM p. Person	p. Pkw
Corsica-Ferries				
Bastia — Livorno	4	1.30, 8.45, 13.30, 14.30, 23.45	38	121
Livorno — Bastia	4	8.30, 14, 18.45, 20		

Verbindung	Dauer Std.	Abfahrtszeiten (Hochsaison)	Preis in DM p. Person	p. Pkw
Genua — Bastia,				
Genua — Calvi,				
Genua — Ajaccio				
und zurück	6		42	140
NAVARMA-Lines				
Bastia — Livorno	4	2.30, 14	37	116
Livorno — Bastia	4	8.30, 20.30		
Corsica-Marittima				
Bastia — Livorno	3:30	10, 13	38	126
Livorno — Bastia	3:30	15, 18		
Porto-Vecchio —				
Livorno	4:30	11, 19	44	144
Livorno				
Porto-Vecchio	4:30	21, 8		
S.N.C.M.				
Marseille —				
Korsika	10		73-85	60-260
Toulon — Korsika	10			

Nähere Auskünfte erhält man bei:
— Corsica Ferries; Adresse in Bastia: 5, rue Chanoine Leschi, 20289 Bastia, Tel. 95.31.18.09. Buchung von Deutschland aus: Georgenstr. 38, 8000 München, Tel. 0 89/33 73 83.
— NAVARMA-Lines; Seetours International, Weißfrauenstr. 3, 6000 Frankfurt/M.
— Corsica Marittima, 20289 Bastia, Tel. 95.32.69.04.
— S.N.C.M. Ferryterranée, Nouveau Port B.P. 40, 20289 Bastia, Tel. 95.54.66.66.
→*jeweilige Ortschaft, Schiffsverbindungen; Anreise*

Feiertage und Feste

Karfreitagsprozession: In Sartène schleppt ein anonymer Büßer in roter Kutte, mit Ketten an den Füssen, ein großes Kreuz durch den Ort. Traditionelle Karfreitagsprozessionen finden auch in Erbalunga, Bonifacio und Calvi statt.

Gründonnerstag: Segnung des Canistrelligebäcks (ein typisches Anis-gebäck) in Calvi.

Griechisch-orthodoxe Karwoche: In Cargèse wird die Karwoche mit tra-ditionellen Klageliedern und Prozessionen gefeiert.

Ajaccio

18. März: Fest zu Ehren der Schutzpatronin Notre Dame de la Miséricorde.

5. Mai: Messe zum Todestag Napoleons I.

2. Juni: St. Erasme-Prozession, St. Erasme ist der Schutzpatron der Fi-scher. Dieses Fest wird in fast allen Fischerdörfern gefeiert.

Bastia

19. März: St.-Joseph-Prozession.

24. Juni: Fest zu Ehren des Schutzpatrons St. Jean Baptiste.

8. September: Pilgerfahrt nach Notre Dame de Lavasina.

1. Novemberwochenende: 10.000-Kurven-Autoralley von Korsika.

Calvi

Mariä Himmelfahrt: Volksfest.

Casamaccioli

8. September: Prozession mit der angeblichen Wunderstatue der hl. Jung-frau von Niolo, Sängerfest.

Corte

Fastnacht: Karnevalsumzüge und Maskenbälle à la Nizza.

Saint-Florent

Ende Juli: Musikfestival.

Filitosa

Nordwestlich von Propriano, auf einem Felsvorsprung über dem Taravo-Tal, liegt die bedeutendste prähistorische Fundstätte Korsikas, der anson-sten eher unscheinbare Weiler Filitosa. Ihre eindrucksvollen Skulpturen — fast 2 m hohe Menhire, aus denen menschliche Gesichtszüge heraus-gearbeitet wurden — stammen von den Megalithikern, die diese vor ca. 5000 Jahren hier aufstellten. Die zunächst unbewaffneten Statuen wur-den später, zwischen 1600 und 1400 v. Chr., bewaffnet, was auf die An-kunft der kriegerischen Torreaner im Süden der Insel hindeutet. Sie ver-drängten die Megalithiker nach Norden, wo diese wieder unbewaffnete Skulpturen anfertigten. Die von den Torreanern errichtete Zyklopenmau-er, in der auch erbeutete Menhirstatuen verarbeitet wurden, sowie der torreanische Tempel und die Wohnhäuser wurden erst in den 50er Jahren von dem Prähistoriker Roger Grosjean ausgegraben und sind sehr gut restauriert worden.

Die Fundstätte mit den mehr als 20 monumentalen Plastiken und den Gebäudeüberresten ist ein beliebtes Ausflugsziel im Süden der Insel. Geöffnet ist die Anlage während des ganzen Jahres täglich von 8 bis 20 Uhr. Empfehlenswert ist der Kauf des sehr guten Führers, der von Roger Grosjean verfaßt wurde und auch auf deutsch erhältlich ist. Das reich bebilderte Heft informiert ausführlich über die Lebensweise von Megalithikern und Torreanern.

→*Archäologie, Geschichte*

FKK

Seit Jahren gibt es große Ferienanlagen mit Bungalows und Appartements sowie Campingplätze für FKK-Freunde speziell an der Ostküste. Insgesamt verfügen die FKK-Anlagen über ca. 4000 Betten. Außerhalb der FKK-Anlagen sollte mit der körperlichen Freizügigkeit jedoch eher sparsam umgegangen werden, schon um die Gastfreundlichkeit der Korsen nicht zu strapazieren.

Fliegen und Flughäfen

Folgende Orte auf Korsika verfügen über Verkehrsflughäfen: Ajaccio (Tel. 95.21.07.07), Bastia (Tel. 95.54.54.54), Calvi (Tel. 95.65.03.54), Figari (Tel. 95.71.00.22). Der Flug von Deutschland nach Bastia dauert knapp 1,5 Stunden im Direktflug. Linienflüge gibt es ab Paris oder Nizza. Kurztrips nach Nizza oder Marseille kosten von Korsika ab 120 DM.

→*Anreise*

Flüsse und Seen

Die vielen Gebirgsflüsse führen im Frühling sehr viel Wasser, während sie im Sommer sehr wasserarm sind. Die reißenden Wasserstraßen sind oft beliebter Tummelplatz für Kajak- und Raftingsportler, während die →*Kaskaden* mit ihren Wasserfällen und Gumpen *(→Badegumpen)* Badefreunde anlocken.

Die zur Westküste mündenden Flüsse sind schnell und reißend, während die Flüsse zur Ostküste breiter und ruhiger dahinfließen.

Die wichtigsten Flüsse sind u. a. Ficarella, Fango, Gravone, Prunelli und Taravo sowie Golo, Tavignano, Fium'Orbu und Solenzara. An der Ostküste versanden die Flüsse in der Mündung sehr häufig oder bilden einen Lagunensee wie z. B. in der Aleriaebene oder in der Nähe des Flughafens von Bastia bei Borgo.

Die Wasserkraft der Flüsse und die z. T. beachtlichen Gefälle werden in zunehmendem Maße für die Energiegewinnung genutzt (→*Energie*) wie beim Kraftwerk am Tavignanu. Neben einigen kleineren Stauseen sind besonders der Melo-See und der Creno-See zu nennen. Diese Seen liegen in einer Höhe über 1700 m NN in der Nähe des Monte Rotondo. Die Gebirgsseen sind sehr fischreich, haben z. T. kleine Badestrände und sind besonders bei den Korsen beliebte Ausflugsziele. Von den Seen, speziell dem Creno-See, erzählt man sich allerhand Sagen und Geschichten über Kobolde, Hexen und Elfen.

→*Energie*

Folklore

Die Korsen sind ein sangesfreudiges Volk. Wenn man Glück hat, kann man auch heute noch in Dorfgaststätten die traditionellen Paghiellas, drei-

Berühmte rotschimmernde Felsenlandschaft — die Calanches

stimmige Wechselgesänge für Männerstimmen, hören. Auch an religiösen Feiertagen werden sie in den Kirchen angestimmt. Von touristischen Folkloreveranstaltungen ist in diesem Zusammenhang allerdings eher abzuraten.

Außerdem werden zu vielen Gelegenheiten improvisierte Gedichte, oft als Spottlieder zu aktuellen Anlässen, gesungen. Auch Liebes-, Hirtenund die bekannten Wiegenlieder dürfen selbstverständlich nicht fehlen. Der Vocero, die Trauerklage der Witwe bzw. Mutter um den ermordeten Ehemann oder Sohn, läßt auf die ehemals rauhen Sitten auf Korsika schließen. Typisches Musikinstrument ist eine Art Dudelsack mit Schafbalg.
→*Feste, Sitten und Gebräuche*

Fotografieren

Selbst wer nicht gerne oder nicht gut fotografiert und einfach nur „knipsen" will — für Korsika unbedingt ausreichend Filme mitnehmen. Das Filmmaterial ist sehr teuer auf der Insel, und es gibt unendlich viele wunderschöne Motive.

Grundsätzlich haben die Korsen nichts dagegen, fotografiert zu werden, doch sollte sich der Fotograf schon eine Einwilligung, und sei es durch ein freundliches Kopfnicken, einholen. Keine militärischen Anlagen fotografieren!

Fremdenverkehr →*Wirtschaft*

Galéria

Galéria (300 Einw.) ist ein kleiner Badeort in der karstigen Balagne Déserte an der Nordwestküste und liegt am Ausgang des Fangotals. Das kleine, idyllische Dorf, in dem auch schon einmal die Kühe mit an den Strand kommen, ist zwar unter Touristen bekannt, wirkt aber dennoch touristisch „unterentwickelt". Der Ort mit dem langen Kieselstrand bietet ideale Voraussetzungen zum Tauchen und Segeln.

Außerdem ist er Ausgangspunkt für die Alternativ-Wanderroute zum GR 20, die „Mar e Monti".

Galéria / **Praktische Informationen**

Busverbindung: Busse nach Calvi und Porto.
Camping: Ideal Camping, am Ortsende von Galéria, in der Nähe des Strandes; gepflegter Platz mit Restaurant.

Hotels

Bis 40 DM pro Zimmer und Tag:

„A Farera, route Nationale d'Ajaccio, Tel. 95.62.01.87; 12 Zimmer, sehr einfach, etwas außerhalb an einem Flüßchen gelegen.

„Sampiero Stella Marina", am Westende des Dorfes, in Strandnähe, Tel. 95.62.00.03; 12 Zimmer, einfaches Hotel mit Restaurant.

Zwischen 50 und 100 DM pro Tag und Zimmer:

„Filosorma", am Strand gelegen, Tel. 95.62.00.02; 14 Zimmer, ruhiges Haus, etwas verwohnt, viel deutsches Publikum.

Information: Syndicat d'Initiative, „A Torra", 20245 Galéria, Tel. 95.62.02.27.

Restaurants: „U Mulinu", etwas außerhalb auf der Strecke nach Calvi.

Gebirge

Korsika wird als Gebirge im Meer bezeichnet, weil rund 86 % der Fläche aus Bergen bestehen, die Korsika s-förmig (von Calvi im Nordwesten bis Porto-Vecchio im Südosten) durchziehen. Der höchste Gipfel, der *Monte Cinto,* ist 2707 m hoch, und 150 weitere Berge sind ebenfalls über 2000 m hoch. Somit bietet die Insel dem Bergfreund verschiedene Möglichkeiten: Alpinski und Langlauf, Bergsteigen und vor allem Bergwandern. Nachfolgend eine Kurzbeschreibung der interessantesten Gebirgsregionen:

Asco, 630 m, und Haut-Asco, 1425 m (Arrondissement Corte): Asco ist ein kleines, am Hang gelegenes Dorf, in dem kaum etwas los ist; eigentlicher Ausgangspunkt für die „Haute Route", zahlreiche Wanderrouten, den GR 20 und den Aufstieg auf den Monte Cinto sowie Wintersportzentrum ist Haut-Asco; Hotel, Berghütten und Campingplätze sind vorhanden; zwei Schlepplifte, davon einer 1800 m lang mit 400 m Höhenunterschied, Skischule und Skiverleih. →*Asco*

Vergio-Pass (1464 m): Gemeinde Albertacce (Haute-Corse) und Evisa (Corse-du-Sud). Im Winter: „Castelaccico" (1404/1584 m), zwei Schlepplifte, einfache Abfahrten, Skiverleih, Langlauf, Hotel und Berghütten vorhanden; Verbindungen zur „Haute Route".

Von Evisa aus Zugang zum Massiv Paglia Orba und Tafonato. Grosser Bergkamm, Cinto-Massiv, Spelunca-Schlucht, Verbindungen zum GR 20. Auf der Paßhöhe befindet sich eine Christusfigur mit Gedenktafel. →*Evisa*

Ghisoni, 650 m (Haute-Corse): Im Winter: „Capanelle" (1580/1759 m), zwei Schlepplifte, Skiverleih. Im Sommer Ausgangspunkt vieler Bergwanderrouten; UCPA-Jugendzentrum, Aufstieg zum Monte Renoso, Verbindung zum GR 20. Hotel mit Restaurant und einige Zeltplätze sind vorhanden. Fährt man 2 km von Ghisoni Richtung Ghisonaccia, gelangt man an eine beliebte Badegumpe mit natürlicher „Wasserrutsche". Von der Straße aus ist dieser Punkt anhand eines markanten Baumes in der Form einer Stimmgabel erkennbar. Von hier steigt man zum Fium'Orbu hinab: Die geländerlose Brücke lädt zum gefahrlosen Sprung in die Fluten ein (Höhe: 7 m), von dort kann man sich von einem Wasserfall über die rundgeschliffenen Felsen in die tieferliegende Badegumpe treiben lassen — ein beliebtes Vergnügen!

Bastelica, 770 m (Corse-du-Sud): Im Winter: „Val d'Ese" (1600/1950 m), zwei Schlepplifte, einfache Abfahrten, Langlauf, Skilehrer, Skiverleih, Berghütten. Ausgangspunkt Süd der „Haute Route".

Im Sommer: zahlreiche Wandermöglichkeiten zwischen dem Bastelicais und dem Haut Taravo. Aufstieg zum Monte Renoso (2353 m). Hotels mit Restaurant.

→*Bastelica*

Bavella: Die „Dolomiten Korsikas" locken viele Kletterer, die an schönen Tagen ameisengleich in den schroffen rötlichen Felswänden hängen. Der Paßort Col de Bavella liegt auf dem Schnittpunkt einer West-Ost-Paßstraße und dem Wanderweg GR 20. Mit zwei Restaurants und einem Laden ist er Ausgangspunkt für Ein- oder Mehrtageswanderungen. Beispiel: Wanderung zur Paliri-Hütte auf dem GR 20 (1:45 Std.) oder Rundwanderung um die Türme *Aiguilles* von Bavella (5 Std.). Übernachten kann man in der *Auberge du Col de Bavella,* Tel. 95.57.43.87 für 50 FF pro Nacht. Dem temperamentvollen Wirt gehört gleichzeitig das kleine Geschäft, in dem Wanderer auch schon mal „Naturalien" eintauschen können: Überflüssiges Müsli gegen frisches Obst oder Nougat gegen Schokolade.

Zicavo, 700 m (Corse-du-Sud): Im Winter: „Plateau du Corscione" (1500 m), Langlauf, abgesteckte Loipen, Skiwandern, Skiverleih, Skilehrer, Berghütten, Langlaufzentrum, Hotel mit Restaurant.

Im Sommer: Wandermöglichkeiten u. a. zum GR 20, Aufstieg zum Monte Incudine (2134 m); Berghütten vorhanden.

Südöstlich von Calvi erhebt sich das Cinto-Massiv ▶

Quenza 750 m, (Corse-du-Sud): Im Winter: „Plateau du Corscione" (1500 m), Langlauf, präparierte Loipen (3,9 und 15 km), Skiwanderungen, Skiverleih, Skilehrer, Berghütten. Hotels mit Restaurant.

Im Sommer: ideal zum Wandern, Bergsteigen im Bavella-, Paliri- und Velaco-Massiv. Berghütten, Hotels und Gästezimmer, Camping- und Wohnwagenplatz in Serra di Scopamène, Hotels in Zonza.
→*Zonza*

Soccia (Corse-du-Sud): Im Winter: Skiwanderungen, Langlauf, einwöchige Skikurse möglich, Skiverleih.

Geld

Währungseinheit auf Korsika ist der französische Franc (FF). Es gibt folgende Münzen: 1/2, 1, 2, 5, 10 FF; und folgende Geldscheine: 50, 100, 500, 1000 FF. Der Wechselkurs ist relativ stabil. 3,30 DM entsprechen ungefähr einem Franc. Es macht keinen wesentlichen Unterschied, ob man sein Geld in Deutschland oder auf Korsika tauscht. Fast alle Banken akzeptieren Eurocheques (Maximum pro Scheck: 1200 FF). Mit einem Postsparbuch kann man innerhalb von 30 Tagen bis zu 2000 DM, immer in runden Hunderter-Beträgen (umgetauscht in FF), abheben — an einem Tag maximal 1000 DM. Der Vorteil: Die über 20 Postämter auf Korsika haben länger geöffnet als Banken, der Kurs ist vergleichsweise günstig, und es fallen keine Umtauschgebühren an.

Kreditkarten wie z. B. Visa International und Eurocard sind weit verbreitet. →*Kreditkarten*

Geographie

„Kalliste" — die Schönste, wie die Griechen Korsika nannten, hat eine Gesamtoberfläche von 8720 qkm, ist 183 km lang und 83 km breit. Nach Sizilien, Sardinien und Zypern ist sie die viertgrößte Mittelmeerinsel. 170 km von der französischen und 80 km von der italienischen Küste entfernt erhebt sich das gewaltige „Gebirge im Meer", denn zu 86 % besteht Korsika aus Bergland. S-förmig wie eine Wirbelsäule durchzieht ein Gebirgskamm von Norden nach Süden die Insel, bildet die Wasserscheide und teilt sie in zwei Hälften. Von dem Hauptkamm gehen nach Osten und Westen Nebenkämme ab, in deren Tälern zahlreiche Flüsse zum Meer hin abfließen. Der höchste Berg Korsikas ist der Monte Cinto (2170 m) und der markanteste sicherlich der rötlich schimmernde Paglia Orba (2525 m) im Westen des Cinto-Massivs. Außerdem zu nennen sind der Pic von Cube (2247 m), so benannt nach dem Stuttgarter Arzt und Korsikapionier Felix von Cube, der Punta Minuta (2556 m), ein eindrucksvoller, am Trimbolacciokessel gelegener Felsgipfel, der Monte Rotondo (2622 m), das über dem Restonica-Tal gelegene Gebirgsmassiv, sowie der Monte d'Oro (2390 m) und der Monte Incudine (2134 m). Das westkorsische kristalline Gebirgsmassiv (Granit) mit seiner wildzerklüfteten Küste und das ostkorsische Gebirge mit Mittelgebirgscharakter aus kristallinem Schiefergestein werden von einem tektonischen Grabenbruch getrennt, der durch →*Corte* verläuft. Am →*Cap Corse* fällt der grünlich schimmernde Diorit, ein Tiefengestein, auf. Die Südspitze Korsikas wird von einme 70 m hohen Kalksandstein-Plateau aus dem Jungtertiär bei →*Bonifacio* gebildet.

Das Küstentiefland macht nur 14 % der Gesamtoberfläche Korsikas aus. Die korsische Küste hat insgesamt eine Länge von 1000 km, wovon etwa 300 km Badestrand sind. Ähnlich wie am Cap Corse, dem angeblichen Miniatur-Korsika, findet man an der Ostküste seichte Sandstrandbuchten und an der Westküste felsige, steil ins Meer abfallende Formationen. Verwaltungstechnisch ist Korsika in zwei Départements (= Bezirke) aufgeteilt: *Haute Corse* mit Bastia und *Corse du Sud* mit Ajaccio als Hauptstadt.

Geschichte

Korsika war schon in der Jungsteinzeit (Neolithikum), also von 4000 bis 1000 v. Chr., besiedelt. Aus dieser sogenannten Megalithkultur sind zahlreiche Funde alter Grabkammern zutage getreten *(→Archäologie)*. Dazu zählen auch die Menhire (lange Steine), Dolmen (Steintische) und torreanische Kultmonumente (Rundbauten). Die Torreaner, ein kriegerisches und seefahrendes Volk aus dem östlichen Mittelmeerraum, besiedelten im 2. Jahrtausend v. Chr. den Süden Korsikas und drängten dabei die Megalither in den Norden der Insel. Die griechischen Phokäer gründeten 565 v. Chr. — auf der Flucht vor Perseus aus Kleinasien — den Ort Alalia, das heutige →*Aleria*.

Die Ureinwohner Korsika waren ligurischer Herkunft. Nachdem die Etrusker die Küsten erobert hatten, wurden von ihnen Handelsplätze gegründet. Später kamen die Karthager in den Besitz der Insel, mußten sie aber nach dem ersten Punischen Krieg (238 v. Chr.) an die Römer abtreten. Gegen den Druck römischer Statthalter empörten sich die Korsen zwar, nach sieben Jahren blutiger Kämpfe (236-230 v. Chr.) wurden sie jedoch gänzlich bezwungen. Hierauf gründeten Marius und später Sulla an der Ostküste römische Kolonien. Unter der Regierung römischer Kaiser blühte die Insel auf und zählte 33 Orte, die von Stadtmauern umgeben waren und zum Teil durch Handel Reichtum erlangt hatten.

Durch die wiederholten Vandaleneinfälle um 456 wurde die Insel schwer in Mitleidenschaft gezogen und unter der Herrschaft dieses Volkes förmlich ausgesogen. Belisar vertrieb die Vandalen im Jahre 533, danach stand die Insel abwechselnd unter griechischer und gotischer Herrschaft.

Die Langobarden plünderten 580 Korsikas Küsten. 754 kamen die Franken in den Besitz der Insel. Unter ihnen wurde sie ab 806 von den Sarazenen angegriffen, die sie 850 eroberten und bis ins frühe 11. Jh. beherrschten. Die Pisaner vertrieben die Sarazenen, und Korsika wurde in mehrere Lehen aufgeteilt. Gegen den Druck der kleinen Barone empörten sich die Korsen im Jahre 1002 und gründeten eine Art Repräsentativverfassung unter 15 Caporali. 1077 erkannten sie Papst Gregor VII. als ihren Oberherren an; Urban II. übertrug die Verwaltung der Insel an die Pisaner. Als aber 1284 die Genuesen einen großen Teil der pisanischen Seemacht vernichtet hatten, eroberten sie nach und nach auch Korsika. Im Jahre 1300 traten die Pisaner die Rechte förmlich an Genua ab, die Korsen erkannten deren Herrschaft jedoch erst 1387 an. Durch den Druck des oligarchischen Systems der genuesischen Regierung kam es immer wieder zu Aufständen. Genuesen, Aragonesen und korsische Nationalisten bekämpften sich mit wechselndem Glück. Als die Korsen 1729 die Waffen gegen Genua erhoben, riefen diese 1730 kaiserliche Truppen zu Hilfe, die den Aufstand bald unterdrückten. 1736 landete der Sauerländer Abenteurer Baron Theodor von Neuhoff auf Korsika und versprach, die Korsen in ihren Unabhängigkeitsbestrebungen zu unterstützen, worauf sie ihn zu ihrem König ernannten. Genua rief 1738 die Franzosen zu Hilfe, und der neugekrönte König sah sich genötigt, die Insel noch vor deren Ankunft zu verlassen. Nach dem Abzug der Franzosen 1741 brach die Empörung von neuem los. Der korsische Senat ernannte 1755 Pascal Paoli zum General, der so tatkräftig eingriff, daß die Genuesen trotz französischer Hilfe ab 1764 nur noch einige Seestädte und die Hafenstadt Bastia halten konnten. Da sie die Hoffnung aufgaben, die Insel je wieder einnehmen zu können, überließen sie sie 1768 Frankreich. Der Vertrag wurde mit dem Traktat vom Compiègne besiegelt, nach dem der König von Frankreich die Korsen so lange unterwerfen und regieren sollte, bis die Republik ihm die Kriegskosten erstattet hatte. Frankreich glaubte, die Korsen mit geringer Kriegsmacht unterwerfen zu können, aber Paoli leistete, in der Hoffnung auf britische Unterstützung, lebhaftesten Widerstand. Daraufhin sandten die Franzosen 30.000 Mann unter Marschall de Vaux nach Korsika. Die Engländer unternahmen nichts, und auch die Korsen resignierten zusehends. So mußte Paoli den Widerstand aufgeben und floh im Juni 1768 nach England. Der Partisanenkrieg in den Bergen dauerte hingegen noch bis 1774 an. Während der Französischen Revolution trat die Insel als ein besonderes Departement in die Verbindung des gesamten Frankreich ein und sandte ihre Deputierten zum Convent. Auch Paoli kehrte hierauf in seine Heimat zurück. Als er in der Schreckenszeit der Revolution nach Paris beordert wurde, wo ihn der sichere Tod erwartete, rief er sein Volk unter das Banner des alten korsischen Wappens, den Mohrenkopf, und eroberte mit Hilfe der Briten, die am 18. Februar 1794 landeten, am 22. Mai Bastia und am 4. August Calvi. Hierauf versammelten sich die Deputierten der Korsen am 18. Juni 1794 in Corte und unterwarfen sich der englischen Krone.

Korsika wurde nun als ein Königreich konstituiert und erhielt eine der englischen nachgebildete Verfassung, ein Parlament und einen Vizekönig. Aber ein großer Teil der Korsen war den Engländern nicht wohl gesonnen, und die französische Partei bereitete sich unter General Gentili ab Oktober 1796 immer weiter auf der Insel aus. Französische Truppen landeten im selben Monat auf der Insel, und die Engländer räumten das Feld. Seitdem gehört die Insel zu Frankreich.

Nachfolgend eine chronologische Kurzübersicht über die Geschichte der Insel.

3000-2000 v. Chr.: Megalith- und Dolmenkultur.

um 1300 v. Chr.: Torreanerkultur, speziell im Südwesten der Insel, ähnlich wie auf Sardinien und Menorca.

um 560 v. Chr.: Auf der Flucht vor den Persern gründen Phokäer den Ort Alalia, heute Aléria.

500 v. Chr.: Die Etrusker besiedeln die Insel.

um 259 v. Chr.: Beginn der römischen Besatzung, Teile der Insel werden römische Strafkolonie.

81 v. Chr.: Aléria wird römische Garnison.

300 n. Chr.: Christianisierung der Insel.

5.-6. Jh.: Die Vandalen und Ostgoten fallen ein.

552: Byzantinische Besetzung.

725: Langobardische Besetzung.

ab 713: Die Araber fallen ein.

758: Pippin der Kurze erobert die Insel und unterstellt sie der päpstlichen Krone.

8.-10. Jahrhundert: Die Sarazenen überfallen immer wieder die Insel.

829: Der toskanische Fürst Bonifacio gründet die nach ihm benannte Stadt.

1077: Beginn der pisanischen Herrschaft.

1133: Die Insel wird zwischen Genua und Pisa aufgeteilt.

1296: Die Insel wird vom Papst an das aragonesische Königshaus übergeben. Konflikte zwischen Adel und Volk, das Volk hält zu den Genuesen, der Adel zum König von Aragon.

1420: Das Volk ergibt sich den Aragonesen nach langem, erbittertem Widerstand.

1533: Der Freiheitskämpfer Sampiero Corso verbündet sich mit den Franzosen und versucht, eine eigene Verfassung durchzudrücken. Mit den Truppen Heinrichs II. befreit er die Insel bis auf Calvi und Bastia.

1559: Die französische Herrschaft endet, die Insel fällt wieder den Genuesen zu. In den kommenden Jahren bauen die Genuesen ein Kommunikations- und Wachturmnetz auf der Insel auf, von den Türmen sind heute noch über 60 erhalten.

1676: Griechische Flüchtlinge siedeln im heutigen Cargèse.

1729-1769: Korsischer Unabhängigkeitskrieg unter der Führung des Volkshelden Pascal Paoli.

1736: Der aus dem Sauerland stammende Baron Theodor von Neuhoff vertreibt mit englischer Hilfe die Genuesen aus der Region von Aléria und wird zum König Theodor I. gekrönt. Er kann sich jedoch gegen die Genuesen nicht behaupten und muß wie Paoli nach England fliehen.

1769: Napoleon wird in Ajaccio geboren.

1790: Paoli wird nach der französischen Revolution von der Nationalversammlung als Gouverneur eingesetzt.

1794: Britische Truppen besetzen die Insel.

1796: Die Franzosen erobern Korsika zurück, Paoli geht ins Exil nach England.

1811: Korsika wird zu einem französischen Département mit der Hauptstadt Ajaccio.

1871: Die Kaiserdynastie endet mit Napoleon III.

1914-1918: Im 1. Weltkrieg fallen mehr als 40.000 Korsen. Eine starke Auswanderungswelle, besonders nach Mittelamerika und den USA, beginnt.

1942-1943: Besetzung durch deutsche und italienische Truppen.

1969: Gründung des korsischen Nationalparks.

1970: Unruhen und Auseinandersetzungen zwischen Armee und autonomen Gruppen wegen großer Unzufriedenheit der Korsen mit Politik und Wirtschaftsmaßnahmen.

1976: Teilung in die beiden aktuellen Départements, blutige Auseinandersetzungen mit der Polizei.

1981: Kurz nach seiner Wahl zum Ministerpräsidenten entläßt François Mitterrand die Insel Korsika weitgehendst in die Autonomie.

In den *80er Jahren* kommt es immer wieder zu Anschlägen und Verwüstungen durch autonome Randgruppen für noch mehr Autonomie.

→*Archäologie, Napoleon, Politik*

Gesundheitstips

Die Sonneneinwirkung auf die Haut sollte besonders im Gebirge nicht unterschätzt werden, deshalb Sonnenschutzmittel mit hohem Lichtschutzfaktor besorgen. Bei Sonnenbrand die geröteten Stellen mit Naturjoghurt einreiben. Bei Seeigelstacheln sofort zum Arzt gehen, da Infektionen drohen. Bei Durchfall haben sich neben Kohletabletten Salzstangen (Mineralstoffausgleich) und Coca Cola bewährt.

Vor Bergtouren unbedingt ein bis zwei Tage akklimatisieren, da der Klimawechsel und die Höhenunterschiede dem Körper zu schaffen machen. Neue Wander- und Bergstiefel vor Reiseantritt einlaufen. Niemals mit nassen Schuhen und Strümpfen wandern. Die Fußhaut kann dadurch aufweichen, mit der Folge von Blasenbildungen. Impfungen sind nicht vorgeschrieben. Bei Bergwanderungen empfiehlt sich aber eine vorbeugende Tetanus-Impfung.

→*Notfall, Ausrüstung, Medikamente*

Ghisonaccia

Das wirtschaftliche Zentrum der einsamen Landschaft Fiom'Orbu ist die geschäftige Stadt Ghisonaccia (ca. 3000 Einw.) an der Mündung des Flusses Fium'Orbu, 5 km westlich von der Ostküste gelegen. Der Ort selbst ist nicht besonders reizvoll. In der Nähe gibt es jedoch sehr schöne Strände in Pinia und Vignale. Einen Besuch wert sind auch der See von Urbino (7 km nördlich) und die Thermalquellen von Puzzichello.

Ghisonaccia / **Praktische Informationen**

Apotheke: An der Durchgangsstraße N 198.

Autoverleih: ESSO-Tankstelle „Benassi" an der N 198, Tel. 95.56.05.82.

Baden: Vom 1.7.-31.8. fahren Gratis-Busse zum 5 km entfernten Sandstrand (um 9, 12, 16.30 und 19.30 Uhr) und zurück (9.30, 12.30, 17, 20 Uhr).

Busverbindungen: Busse fahren nach Bastia, Bonifacio, Vezzani und Vivario.

Camping: Einen ungewöhnlich guten Standard hat der 1989 errichtete 4-Sterne-Zeltplatz „Marina dèrba Rossa" an der route de la Mer, 5 km östlich von Ghisonaccia, direkt am Sandstrand. Dennoch: Auch schattenspendende Platanen, Gratis-Busse nach Ghisonaccia *(→Baden),* die „moderne Animationsanlage", Bügel- und Waschgelegenheit, ständige Überwachung (gegenüber Diebstahl) oder mehrmals tägliche gereinigte Sanitäranlagen lassen den Preis von mindestens 80 FF pro Tag als ungerechtfertigt hoch erscheinen (Tel. 95.56.25.14), Fax 95.56.27.23).

Einkaufen: Ofenwarme und preiswerte Baguettes und Croissants — auch aus Vollkornmehl — gibt es in der Landbäckerei in Ghisonaccia-Gare, 2 km westlich von Ghisonaccia, Richtung *→Ghisoni.*

Fahrradverleih: „Soreda" an der N 198, Tel. 95.56.22.03.

Hotel: „Motel Sud", Tel. 95.56.00.54; 14 Zimmer, einfach, sauber und preiswert, Zimmer pro Tag 35 DM.

Information: Syndicat d'Initiative, Mairie, B.P. 42, 20240 Ghisoncaccia, Tel. 95.56.01.21.

Nachtleben: Die Diskothek „Gwendoline" 5 km östlich vom Ort, beim Campingplatz (Eintritt: 50 FF) ist nur in der Touristen-Saison geöffnet.

Sport: Tennis, Minigolf, Wasser- und Jetski sind möglich bei der Campinganlage „Marina dèrba Rossa".

Ghisoni

Ghisoni ist ein kleines Bergdorf mit 380 Einwohnern, das 27 km nördlich von Ghisonaccia liegt — zwischen den Pässen Col de Verde und Col de Sorba. Südöstlich des Dorfes ragen die beiden spitzen Felsen Kyria Eleison (1535 m) und Christe Eleison (1260 m) empor.

Ghisoni ist ein beliebter Ausgangspunkt für Touren auf den Monte Renoso (2352 m) und im Winter ein Skilaufzentrum. Vom Col de Sorba (1311 m), der 10 km nördlich liegt, kann man Waldwanderungen durch den Forêt de Sorba unternehmen. Einen schönen Ausblick genießt man, wenn man in einer etwa einstündigen Tour den Aussichtspunkt Punta Muro (1565 m) besteigt. Polizei, Post, Laden und Restaurant liegen zentral am Kirchplatz.

Ghisoni / **Praktische Informationen**
Hotel: „Hotel Le Kyrie", Tel. 57.60.33; einziges Hotel am Platze, schöne Lage, Restaurant, Preis pro Zimmer ab 50 DM.
Höhe über dem Meer (NN): 660 m.

Gumpen →*Badegumpen*

Handeln
Handeln und Feilschen ist auf Korsika nicht üblich, bei Marktständen und „fliegenden Händlern" aber durchaus angebracht. Die Preise können dann um ca. 15-20 % heruntergehandelt werden. Wer mit Kreditkarte reist und trotzdem genug Bargeld dabei hat, kann in Geschäften mit Kredit-

Die halbwilden Schweine, denen man auf dem GR 20 häufiger begegnet, sind freche Gesellen

kartenannahme bei Barzahlung oft die Provision von 5 bis 7 % der Kreditanstalt herunterhandeln. Die Geschäfte haben so gleich ihr Bargeld und geben die Provision „cash" weiter.

Handwerk

Das korsische Handwerk wird in den letzten Jahren stark wiederbelebt. Die *Corsicada* genannte Vereinigung ist ein Zusammenschluß aller Handwerker korsischer Volkskunst. Hier wird Tradition bewahrt und handwerkliches Können an Jüngere weitergegeben. Denn besonders im Winter stellt das Handwerk einen wichtigen Nebenerwerb im Bergland dar. Hergestellt werden vor allem Korbwaren, Töpfer-, Kunsttischler-, Weber-, Schmiede-, Goldschmiede-, Bildhauer- und Gerberarbeiten, um nur einige zu nennen. Ein traditionelles Handwerk ist die Verarbeitung von Kastanienholz zu Pfeifenköpfen, Tellern und Löffeln, besonders in der →*Castagniccia*. Korsische Handwerkserzeugnisse werden in den *Case di l'Artigiani* angeboten. Man findet sie z. B. in Ajaccio, Bastia, Corte, Cargèse, Marato, Evisa, Sartène und Zonza.

Der Hauptsitz der *Corsicada* ist in der Ortschaft **Pigna,** Tel. 95.60.08.92, geöffnet montags von 15-19 Uhr.

Höhlen

Höhlen gibt es in allen Teilen der Insel, sowohl an den Küsten als auch im Landesinnern. Über 200 Höhlen sind bereits erforscht und ausgemessen. Wanderungen mit Führern sind möglich. Unbedingt frühzeitig anmelden.

Auskünfte über: Spéléo-Club Ajaccien, M. Edmond Chaptal, 2, rue Martinetti, 20000 Ajaccio, Tel. 95.21.68.21.

Association Sportive Spéléologique Corse, M. René Viguir, route des Sanguinaires, 20000 Ajaccio, Tel. 95.52.01.53.

Hotels

Die meisten Hotels sind gut ausgestattet. Die kleineren Hotels im Landesinneren werden als Geheimtip gehandelt. Die 28 000 Hotelbetten sind in der Hochsaison oft belegt, daher sollte man in dieser Zeit vorher reservieren. Alle Hotelkategorien sind vorhanden: ein Stern steht z. B. für „mittleren Komfort". Bei zwei Sternen kann man von eigenem WC und Bad ausgehen, der Preis liegt dann zwischen 40 und 80 DM.

Zentrale Buchungsstellen für Hotels:
— G.I.E. Corsica Hotels, B.P. 3, 20166 Porticcio, Tel. 95.25.42.34.
— G.I.E. Ilotel, route de Pineto, 20290 Luciana, Tel. 95.36.12.09.
Ein aktuelles Hotelverzeichnis kann angefordert werden über die Agence Régionale du Tourisme, B.P. 19-22, 20176 Ajaccio. Bei den Orten sind beispielhaft einige Hotels angegeben („Praktische Informationen"). Die Preise beziehen sich dabei auf Einzelzimmer.

Hütten

Die meisten Hütten gehören dem „Parc Naturel Régional de la Corse" und liegen am GR 20.
Alle Hütten sind Selbstversorgerhütten für 16-20 Personen und sind mit Decken, Gas, Geschirr und Öfen ausgestattet. Zum Teil werden sie über Solarenergie versorgt.
Die Hütten sind oft überfüllt, deshalb unbedingt eine Biwakausrüstung mitnehmen. Bezahlt wird beim Hüttenwart oder bei einer der Agenturen des Nationalparks. Daß die Hütten sauber wieder verlassen werden, ist leider nicht immer selbstverständlich. Jeder kann aber selbst diesem Übel abhelfen.
Pläne und Karten sind in jedem guten Berg- und Wanderführer enthalten. Auskünfte können auch über die Alpenvereine eingeholt werden.

Ile-Rousse

15 km von Calvi entfernt, an der Nordwestküste, liegt Ile-Rousse (2500 Einw.). Die junge Stadt wurde vom Freiheitskämpfer Pascal Paoli erst 1758 als Konkurrenz zum genuatreuen Hafen Calvi gegründet und nach ihm Paoliville benannt. Den heutigen Namen Ile-Rousse (= Rote Insel) hat ihr die rötliche Granit-Inselgruppe vor der Küste gegeben. Als Handelsumschlagplatz für Olivenöl, Wein, Obst, Käse und andere landwirtschaftliche Produkte sowie als Fischereihafen ist Ile-Rousse nach wie vor eine der wichtigsten Städte in der Balagne.
Beschaulicher Ortsmittelpunkt ist die platanengesäumte Place Paoli mit einem Brunnen und der Büste des Stadtgründers, die zum Verweilen einlädt. Ein kleiner Bummel durch die alten gepflasterten Straßen bringt den Besucher zum überdachten Marktplatz und zur Insel La Pietra, die durch eine Mole mit der Stadt verbundenen ist. Von ihrer Spitze, auf der ein Leuchtturm steht, hat man einen sehr schönen Blick auf die Stadt.

Der kleine Stadtsandstrand ist zur Hauptreisezeit natürlich hoffnungslos überfüllt, in der Nebensaison jedoch durchaus zu empfehlen. Ansonsten ist es sicher günstiger, auf die Strände in Algajola und Lozari auszuweichen.

Ile-Rousse / **Praktische Informationen**

Autovermietung: Avis (Ollandini), 3, rue Gal Graziani, Tel. 95.60.11.91. Europcar, 3, place Paoli, Tel. 95.60.08.30. Hertz, Livraison, Tel. 95.65.02.96. Citer, Port, Tel. 95.60.05.55.

Bahnverbindungen: Täglich bis zu 30 Schienenbusse entlang der Strände nach Calvi. Idealer Zubringer zu den Stränden.

Banken: Caisse d'Epargne P.T.T., Tel. 95.60.01.97. Banque Populaire Provençale et Corse, Tel. 95.60.00.58. Crédit Agricole, av. Piccione, Tel. 95.60.01.82. Crédit Lyonnais, place Paoli, Tel. 95.60.02.80. Société Générale, av. Piccione, Tel. 95.60.04.74.

Bootsausflüge: ab Hafen nach Calvi, mit Badeaufenthalt, Abfahrt jeden Morgen, Preis ca. 35 DM.

Busverbindungen: Mehrmals täglich nach Calvi, Ajaccio und Bastia. Auskunft über: S.E.A.C., Tel. 95.21.14.08.

Fährverbindungen: Corsica Ferries: Ile-Rousse — Savone — Ile-Rousse.

Ferienwohnungen und -häuser, Privatunterkünfte: anzumieten über Immobilier Orabona, route de Calvi, Tel. 95.60.00.61.

Hotels

Preis pro Tag und Zimmer bis 50 DM:

„Chalet de la Gare" Tel. 95.60.00.94; 7 Zimmer, kleines Restaurant, am Strand.

Preis pro Tag und Zimmer zwischen 50 und 80 DM:

„Isola Rossa", Promenade des Quais, Tel. 95.60.01.32; 20 Zimmer, am Strand.

„Le Grillon", Tel. 95.60.00.49; 16 Zimmer, im Ort, Strandnähe.

„Splendid", Tel. 95.60.00.24; 63 Zimmer, im Ort am Strand, viel deutsches Publikum.

Preis pro Tag und Zimmer über 100 DM:

„Napoléon Bonaparte", 3, place Paoli, Tel. 95.60.06.09; 100 Zimmer, nobles 3-Sterne-Hotel im Ort, direkt am Meer, Pool, Garten, Tennis, beliebtes Restaurant.

„Santa Maria" route du Port, Tel. 95.60.13.49, Fax 95.60.32.48, 56 Zimmer.

Reiten: Ranch „Cantarettu-City", M. Phillipe Martelli, route d'Algajola, 20269 Aregno, Tel. 95.60.08.62.

Restaurants: „L'Auberge", an der Ausfallstraße nach Bastia.

„Le Laetitia", unverfehlbar am Hafen.

„Le California", route du port.

„A Pastorells", Richtung Monticello, 3 km südöstlich.

Schiffahrtsagentur: S.N.C.M., av. J.-Calizi, Tel. 95.60.09.56.

Verkehrsbüro: Syndicat d'Initiative, place Paoli, Tel. 95.60.04.35.

Wohnwagen- und -mobile: anzumieten über Routes Insolites, Tel. 95.60.16.01.

Yacht- und Kajütenbootvermietung: Balagne Sport, rue Napoléon, Tel. 95.60.05.17.

Jugendherbergen

Jugendherbergen gibt es auf Korsika nur in Calvi und Bastia. In Ajaccio gibt es Clubhäuser des CVJM mit Übernachtungsmöglichkeiten.

Karten

Jeder Bergwanderer sollte sich z. B. mit Hans Schymikas Buch „Korsika für Bergsteiger und Kletterer" und darüber hinaus mit gutem Kartenmaterial in entsprechendem Maßstab (1:25.000 und 1:50.000) ausrüsten. Unbedingt vor Abreise besorgen, da die deutschsprachigen Karten auf Korsika schwer zu bekommen sind. Französisches Kartenmaterial bekommt man über: C.N.S.G.R., 92, rue de Clignancourt, 75883 Paris Cédex 18. Sehr empfehlenswert ist auch der zweibändige „Guide des Montagnes Corses", zu beziehen über Michel Fabrikant, Villa „Roscana", Caramontino, 20144 Sainte-Lucie-de-Porto-Vecchio

→*Ausrüstung, Literatur*

Kaskaden

Kaskaden sind treppenförmig übereinanderliegende Becken (→*Badegumpen*) und Wasserfälle von Gebirgsbächen — im Sommer beliebte Ausflugsziele. Am bekanntesten sind die *Cascades des Anglais* bei → *Vizzavona* zu Füßen des Mont d'Oro, wo man die Becken des Baches Agnone emporsteigen kann — je höher, desto einsamer. Benannt sind diese Kaskaden nach den ersten (englischen) Touristen zu Beginn dieses Jahrhunderts.

Die Kaskaden im Forêt d'Ospendale *(→Wald)* sind in 30 Fußminuten von der D 368 aus zu erreichen, wenn man den Parkplatz 1 km nördlich vom Stausee ansteuert. Der Wasserfall *Piscina di Gallo* stürzt 75 m tief aus einer Felsspalte. Die *Cascade du Voile de la Mairée* kann sich als höchster Wasserfall Korsikas rühmen: Er ergießt sich über 100 m wie ein Brautschleier (daher auch der französische Name) über mehrere Felsen. Zu erreichen von *→Bocognano* (3 km südlich von dort) über die schlecht ausgebaute Nebenstraße D 27.

Kinder

Die „Kinderfreundlichkeit" der Reiseveranstalter und Hotels geht über das günstige Preisangebot bei Reisen mit den lieben Kleinen oft nicht hinaus. Leider gibt es sehr wenige wirklich sichere und gute Spielplätze an den Hotels. Dafür entschädigen aber die feinen, weißen und flachen Strände, die sanfte Dünung, die für Kinder geradezu ideal ist und die besonders freundliche Art, mit der alle mediterranen Völker Kinder behandeln.

Einige Clubanlagen und Hotels haben auch spezielle Kinderanimateure. Bei Pauschalreisen unbedingt auf die Kinderermäßigungen achten.

Klima

Das Klima auf Korsika ist überwiegend mediterran, jedoch wesentlich angenehmer als im übrigen mediterranen Raum. Die regelmäßigen Westwinde bringen Regenwolken, die durch das hohe Gebirge „gebremst" werden und sich ausregnen. Bedingt durch die Höhe der Berge unterscheidet man vier Klimazonen auf der Insel:

0-200 m: Mittelmeerklima, subtropisch.

200-900 m: Übergangszone.

900-1500 m: gemäßigtes Kontinentalklima.

Ab 1500 m: alpines Klima.

Monatsdurchschnittstemperaturen in °C:

Monat	Lufttemp. max.	Lufttemp. min.	Wassertemp. (Mittelmeer)	Sonnenstunden
Januar	13,0	3,1	13	4,3
Februar	13,5	3,9	13	4,9
März	15,5	5,2	13	6,4

Monat	Lufttemp. max.	Lufttemp. min.	Wassertemp. (Mittelmeer)	Sonnen- stunden
April	17,6	7,1	14	7,8
Mai	20,9	10,2	16	9,5
Juni	25,0	13,6	20	11,1
Juli	27,4	15,5	22	12,5
August	27,9	15,6	23	10,9
September	25,8	14,5	22	8,9
Oktober	21,8	10,9	20	6,6
November	17,5	7,0	17	4,8
Dezember	14,5	4,2	15	3,8

→*Wetter*

Konsulate →*Diplomatische Vertretungen*
Krankenhäuser →*Ärztliche Versorgung*

Krankenscheine

Es gibt ein Abkommen zwischen den Sozialversicherungen der europäischen Länder, nur muß der jeweilige Krankenschein gegen einen französischen Berechtigungsschein umgetauscht werden. Dieser wird wiederum nur in den Ambulanzen und Polikliniken angenommen. Bei Arztbesuch im Hotel wird meistens bar kassiert. Die Ärzte sind zur Annahme der Krankenscheine nicht verpflichtet.
→*Ärztliche Versorgung, Versicherungen, Notfall, Krankenhaus*

Kreditkarten

Bargeld gegen Kreditkarten gibt es auf allen Banken, die auch Devisen tauschen. Geldautomaten gibt es an den Flughäfen sowie an den großen Banken in Ajaccio, Calvi, Corte, Ile-Rousse, Bonifacio, Porto-Vecchio und Bastia. Die meisten Geschäfte in den größeren Orten sowie Restaurants und Tankstellen akzeptieren Visa, Eurocard oder American Express, Diners ist nicht so populär. Generell sind in Frankreich Kreditkarten selbstverständlicher als bei uns.

Kriminalität

Leider — wie in fast allen Touristenzentren — stellen Diebstahl und Drogenhandel auch auf Korsika ein großes Problem dar. Wer mit ausländischem Kennzeichen oder französischem Leihwagen unterwegs ist und abseits der Straße parkt, programmiert einen „Knack" bereits vor. Organisierte Banden knacken bis zu 60 Autos an einem Tag in einem kleinen Ferienort. Oft nehmen sie alles mit, Rücksitze werden herausgerissen und Kofferräume leergeräumt. Sogar Motorräder und kleine Zelte verschwinden von geschlossenen Campingplätzen. Es empfiehlt sich, nichts im Auto liegen und die Handschuhfachklappe offen zu lassen.

Wichtig bei einem Diebstahl ist die Meldung bei der zuständigen Gendarmerie, da ohne Anzeige die eigenen Versicherungen (Reise- oder Diebstahlversicherung) keine Schäden anerkennen. Da die „Zuständigkeiten" sehr penibel gehandhabt werden, sollte man sich unmittelbar nach der Tat (mit dem beschädigten Auto) bei der Gendarmerie im nächstgrößeren Ort melden, da man andernfalls ständig umhergeschickt wird *(→Notfall, Versicherung)*.

Daneben sind die politisch motivierten Anschläge von Separatisten eine besondere Form der Kriminalität *(→Politik)*. Einen immer größeren Einfluß auf Korsika gewinnt auch die Mafia.

Kultur

Die kulturelle Entwicklung der Insel läßt sich bis in prähistorische Zeiten zurückverfolgen und die guterhaltenen Monumente aus den verschiedenen Epochen geben Zeugnis von der bewegten Vergangenheit Korsikas: Die vorgeschichtlichen Menhire von Filitosa, die Spuren der griechischen Antike in Aléria, Überreste römischer Festungen, genuesischer Wachtürme, frühchristlicher Sakralbauten und Mosaike. Die ständig wechselnden Herrscher haben ihre Spuren über die Jahrhunderte nicht nur in der Architektur sondern auch in den folkloristischen Bräuchen, der Sprache und der Küche hinterlassen. Malerei und Bildhauerei wurden vorwiegend von italienischen Meistern beeinflußt, Sakralbauten und Kirchen, die in der Hauptsache von den Pisanern gestaltet wurden, sind romanischer Bauart. Barocke Bauten entstanden im 17. und 18. Jh.

→Archäologie, Geschichte, Handwerk, Folklore, Architektur

Aromatische Käsesorten kauft man am besten auf den Märkten ▶

Kunstgeschichte →*Architektur, Geschichte*

Kuranwendungen

Korsika bietet besonders für Knochen- und Gelenkerkrankungen sowie bei Hautleiden und Erkrankungen der Atemwege eine Anzahl von Kurbädern, die z. T. von deutschen Krankenkassen anerkannt werden. Kurorte mit schwefelhaltigem Wasser sind z. B. Caracci, Caldane, Caldanella, Orezza, Guagno, Pietrapola-les-Bains oder Puzzichelo.

Die Kuranlagen sind z. T. ganzjährig geöffnet. Informationen über das französische Fremdenverkehrsamt oder direkt in den Ortschaften. Nachfolgend sollen einige Kurbäder mit ihren Anwendungsmöglichkeiten aufgeführt werden:

Baracci, Kurhaus, Tel. 95.76.01.14; schwefel- und kohlensäurehaltiges Wasser, Wassermenge: täglich 115.000 Liter, Temperatur 52 °C, ganzjährig geöffnet. Indikationen: innere und äußere Anwendung bei Knochen- und Gelenkverletzungen, Erkrankungen der Atemwege und Hautkrankheiten.

Caldane, Kurhaus, Tel. 95.77.00.34; Indikationen: Rheuma und Hauterkrankungen.

Caldanella, in der Nähe von Vico; schwefel-, bicarbonat-, kalzium- und magnesiumhaltiges Wasser. Indikationen: Hauterkrankungen.

Guagno-les-Bains, Tel. 95.28.30.68; schwefel- und kohlensäurehaltiges Wasser, 2 Quellen, Temperatur: 52 °C. Das Kurhaus ist ganzjährig geöffnet und komfortabel eingerichtet. Indikationen: Rheuma und Hautkrankheiten.

Guitera-les-Bains, Tel. 95.24.41.94; „Café les Bains", schwefel- und kohlensäurehaltige Therme, Temperatur: 45 °C, Wassermenge: täglich 90.000 Liter.

Pietrapola-les-Bains, Tel. 95.56.70.30; „Les Thermes", schwefel- und kohlensäurehaltiges Wasser, Temperatur: 55 °C, Wassermenge: täglich 200.000 Liter. Das Kurhotel ist ganzjährig geöffnet und komfortabel eingerichtet. Schöner Blick ins Abatesco-Tal. Indikationen: Hautkrankheiten, Rheuma, Knochen- und Gelenkverletzungen, Atemwegserkrankungen.

Puzzichelo, bei Ghisonaccia. Kaltes schwefel- und kalziumhaltiges Wasser. Wassermenge täglich 15.000 Liter. Indikationen: Hauterkrankungen, Ekzeme und Schleimhauterkrankungen.

Landschaft →*Geographie, Gebirge, Pflanzen*
Landwirtschaft →*Wirtschaft*

Levie

Im Sartenais, genauer im fruchtbaren Bergland des Tallano, befindet sich
in einer Höhe von etwa 660 m das relativ große und geschäftige Bergdorf Levie (800 Einw.). Im Rathaus ist ein archäologisches Museum mit
Funden aus der Umgebung untergebracht; in der Pfarrkirche gibt es ein
wertvolles Elfenbeinkruzifix zu sehen. Ca. 8 km nördlich liegt das Castellu di Cucuruzzu, eine Torreanerstadt aus dem 2. Jahrtausend v. Chr.
Busverbindungen: täglich nach Bonifacio.
Hotel: „Des Terrasses", Tel. 95.78.40.75; 10 Zimmer, sehr einfach, aber
freundlich, im Ort gelegen.

Literatur

Die wohl unterhaltsamste Einführung für Korsika-Reisende vermittelt das
Comic „Asterix auf Korsika", in dem zahlreiche typische korsische Ver-
haltensweisen übersteigert dargestellt werden.
Für Wanderer und Bergsteiger:
Bergwelt Korsika und *Korsika für Bergsteiger und Kletterer* von Hans
Schymik.
Le Massif du Cinto, Michael Fabrikant.
G.R. 20, Topo-Führer vom Comité National des Sentiers de Grandes Ran-
données.
Kyrn, dieses zweisprachige Magazin erscheint monatlich und enthält al-
le aktuellen Veranstaltungen und interessante Tips für Ihren Korsikaauf-
enthalt. Erhältlich in allen Buchhandlungen und an Zeitungskiosken.
Wer sich mit der französischen Sprache beschäftigen möchte, dem sei-
en folgende Sprachführer empfohlen:
Reise-Sprachführer Französisch; problemlos sprechen — schnell verste-
hen 1990, Hayit Verlag Köln.
Selbst lernen Französisch. Problemlos und erfolgreich lernen mit Buch
und Kassetten, Dreisam Verlag, Köln.
→*Karten, Ausrüstung*

Macchia →*Pflanzen, Wald*

Macinaggio

Macinaggio ist ein kleiner, an der Nordostküste des Cap Corse gelegener Ort mit modernem Yachthafen. Sehenswert sind die Ausgrabungs-
stätten der römischen Anlagen und die romanische Kapelle Santa Marie
della Chiapella. Geschichtlich wird der Ort im Zusammenhang mit Pascal Paoli genannt, der hier nach 20 Jahren Verbannung wieder landete
(1790).

Märkte

Wochenmärkte finden in allen größeren Orten jeden Morgen bis mittags
statt. Auf den pittoresken Märkten bekommt man preiswertes Obst und
landestypische Spezialitäten und kann außerdem sehr schön Fotos schie-
ßen. Souvenirmärkte u. ä. in den Urlaubsorten werden zwar gerne Floh-
märkte genannt, bieten jedoch wenig Originelles. Handeln ist erlaubt und
lohnt sich.

Maße und Gewichte

100 g — cent grammes
250 g — deux cent cinquante grammes
500 g — cinq cent grammes oder un demi kilo
1000 g — un kilo

Medikamente

Viele Medikamente wie Aspirin etc. sind preiswerter als in den deutsch-
sprachigen Ländern. Denken Sie daran, daß wichtige Medikamente (z.
B. bei chronischen Krankheiten) immer ins Handgepäck gehören.
→*Apotheke, Notfall, Gesundheitstips*

Moriani Plage

Moriani Plage ist ein beliebter Badeort der Bewohner von Bastia, von dem
es 40 km entfernt liegt. Es gibt sehr schöne Strände mit Wassersportmöglichkeiten, und ganz in der Nähe befindet sich das Dorf San Nicolao
inmitten von Kastanienwäldern mit einer hübschen Barockkirche aus dem
17. Jh. Das Hinterland, die Castagniccia, bietet sich für Ausflüge an.

Moriani Plage / **Praktische Informationen**

Camping: „Camping Merendella", 1 km südlich an der N 198 gelegen; gepflegter Platz mit schönem Strand.

Hotels

Pro Tag und Zimmer bis 50 DM:
„Santa Lucia", Tel. 95.38.50.08; 12 Zimmer, am Strand, Restaurant.
Pro Tag und Zimmer zwischen 50 und 80 DM:
„Le Lido", Tel. 95.38.50.03; 36 Zimmer, am Strand.
„La Valicella", Tel. 95.38.53.35; 20 Zimmer, für Körperbehinderte zugänglich, am Meer, Strandnähe.
Pro Tag und Zimmer ab 80 DM:
„San Lucianu", Tel. 95.38.51.75; 100 Zimmer, z. T. Bungalows, Pool, Tennis, Restaurant, Bar, direkt am Strand.
Reiten: „Alte Moriani" M. Georges Bonaldi, Tel. 95.38.56.70.

Mit den Ziegen gehören die Schafe zu den wichtigsten Nutztieren auf Korsika

Morosaglia

14 km von Ponte Leccia entfernt liegt Morosaglia (500 Einw.), der Geburts-
ort des Freiheitskämpfers Pascal Paoli, der hier am 6. April 1725 zur Welt
kam. Sein Geburtshaus ist heute ein Museum. Am Ortseingang steht seine
Statue, die 1953 aufgestellt wurde. Die Kirche Santa Reparata mit ihren
bogenförmigen Motiven ineinander verschlungener Schlangen ist ebenfalls sehenswert.

Hotels →*Ponte Leccia*

Museen

Besonders häufig sind historische und archäologische Museen auf Korsika zu finden, z. B.:
— etruskische, griechische und römische Funde in Alèria,
— archäologische Museen in Albertacce, Levie und Sartène,
— Aquarium in Ile-Rousse,
— Napoleon-Geburtshaus und -Museum, Gemäldesammlung und Museum für bürgerliche Kultur in Ajaccio,
— religiöse Kunst in Calvi,
— Völkerkundemuseum in Bastia,
— Moderne Kunst in Corte.

Nachtleben

Das Nachtleben findet vor allem in Calvi, Ile-Rousse, Porto-Vecchio und
Bonifacio sowie natürlich in Bastia und Ajaccio statt. Hier findet man Bars
und Discos jeglicher Art mit zum Teil unerträglichem Lärmpegel. Norma-
lerweise ist im Eintrittspreis, der zwischen 10 und 35 DM liegt, ein Drink
enthalten. Öffnungszeiten bis 2 Uhr und länger.

Einige Discos:

Ajaccio: „Palm Beach“ und „Le week-end“, beide an der route Sanguinaires, „Galaxie“, bd. Lantini, „Le Xavier“, rue Glacis, „Sun Club“, résid.
Plein Soleil.

Cargèse: „U Polpu“.

Porticcio: „Le Galateé“, „Le Krypton“, „Liberty“.

Porto Vecchio: „Grill Cala di Rena“, route Palombaggia.

Propriano: „Kalliste“ und Midnight“, beide an der rue Général de Gaulle.

Bastia: „Mary's Club“, rue Spinola.

Oletta: „Le Conca d'Oro“.

Napoleon

Speziell in Ajaccio wird die Erinnerung an Napoleon Bonaparte wachge-
halten, und so soll er auch hier nicht fehlen. Die Familie Bonaparte stammt
angeblich vom römischen Kaiserhaus ab. Belegt ist zumindest, daß der
Vater Napoleons aus einer alten, florentinischen Adelsfamilie stammte
und Letizia, Napoleons Mutter, aus einer wohlhabenden Patrizierfamilie
Ajaccios. Napoleon hatte noch sieben Geschwister, die dem späteren Kaiser das Leben schwer machen sollten. Zunächst besuchte er die Militär-
schule und schloß sich der Französischen Revolution an. Als Oberstleut-
nant der korsischen Nationalgarde ist er noch nicht sehr erfolgreich, so
z. B. bei einer militärischen Niederlage in Sardinien. Der Mißerfolg wird
jedoch dem Oberbefehlshaber Pascal Paoli in die Schuhe geschoben.
Napoleon steht voll hinter den Idealen der Revolution und macht sich viele
Korsen zu Feinden. Er flieht nach Frankreich, wo seine kometenhafte Kar-
riere ihren Lauf nimmt.
Zunächst ist er Militärberater bei Robespierre und nimmt beträchtlichen
Einfluß auf dessen Handeln. Als dieser gestürzt wird, zieht Napoleon sich
zurück, bevor er Oberbefehlshaber der Armee wird. Inzwischen hat er
Josefine geheiratet, siegt über Italiener und Österreicher und erhält
schließlich den Titel eines 1. Konsuls, bevor er sich und Josefine 1804
zu Kaiser und Kaiserin krönt. 1805 und 1809 besetzt er Wien, 1805 Ber-
lin und 1809 trennt er sich wegen Kinderlosigkeit von Josefine und hei-
ratet Marie-Luise, die Tochter des österreichischen Kaisers Franz. Sein
Sohn, Napoleon III., wird 1811 geboren, und er ernennt ihn kurzerhand
zum „König von Rom". 1812 verliert Napoleon auf dem Rußlandfeldzug
die Hälfte seiner Armee, ohne auch nur eine Schlacht geschlagen zu haben. Der sibirische Winter überrascht die Soldaten, die nur in leichter
Kleidung nach Rußland gekommen sind. 1814 muß er abdanken und wird
nach Elba verbannt. Er kehrt jedoch 1815 zurück, um eine glorreiche
Schlacht zu schlagen, die jedoch zu seinem größten Fehlschlag wird und
viele Soldaten das Leben kostet. Waterloo ist verloren, Napoleon wird dies-
mal nach St. Helena verbannt. Am 5. Mai 1821 stirbt er dort. Mit seinem
Sohn, der 1870 abgesetzt wird, endet die napoleonische Dynastie. Napoleon hat sich sicher nicht nur mit Ruhm bekleckert, ist aber aus der
korsischen Geschichte nicht wegzudenken.

Naturschutz und Naturparks

Der 1972 gegründete „Parc Régional de la Corse" bedeckt mit seinen 260 000 ha 30 % der Fläche Korsikas. Mehr als 50 Mitarbeiter sind damit beschäftigt, die Wanderwege in Schuß zu halten, sich für den Erhalt der Landschaft, →*Pflanzen* und →*Tiere* einzusetzen, sowie darüber zu informieren. Zum Naturschutz gehört auch die Bekämpfung von Wilddieben und Waldbränden. Der Naturpark unterstützt auch die traditionelle Vieh- und Weidewirtschaft, z. B. durch den Wiederaufbau von Bergerien (das sind „Stützpunkte" für die Hirten).

Die Naturparkverwaltung hat eine Vielzahl von Wanderbroschüren und Publikationen zur Flora und Fauna herausgegeben. Information: Parc Naturel Régional de la Corse, B.P. 417, rue Général Fiorella, 20184 Ajaccio Cédex, Tel. 95.21.56.54.

Nonza

Der 150-Einwohner-Ort Nonza ist wohl der schönste Flecken an der Westküste des →*Cap Corse.* Über dem Meer kleben seine Häuser an einem 150 m hoch aufragenden schwarzen Schieferfelsen, dessen Spitze von einem pisanischen, d. h. quadratischen, Wachtturm gekrönt wird. Dieser Turm erlangte im Jahre 1786 durch die Belagerung der Franzosen Berühmtheit. Sehenswert sind die Kirche Saint-Julie mit einem Marmoraltar aus dem 16. Jh, die nach der im Jahre 303 n. Chr. von dem Römern ermordeten Märtyrerin und Schutzpatronin des Örtchens benannt ist, und die kleine, angeblich wundertätige Quelle mit dem gleichnamigen Brunnen am Ortsausgang. Der 1 km lange und 100 m breite graue Kieselstrand auf den Felsklippen ist ein Resultat der 1965 eingestellten Asbestproduktion.

Notfall

Feuerwehr: Tel. 18.
Polizei: Tel. 17.
ADAC-Notruf: 19.49.89.22.22.22.
Notarzt, Krankenwagen (SAMU): Ajaccio: Tel. 95.21.50.50, Bastia: Tel. 95.31.99.15, Calvi: Tel. 95.65.11.22, Corte: Tel. 95.46.01.36, Tel. 95.77.00.05, Sartène: Tel. 95.77.00.05.
Grundsätzlich genügt ein Anruf bei der erstgenannten Notrufnummer 18, über die alles Weitere veranlaßt wird. Zur Bergrettung stehen Speziali-

sten zur Verfügung, die mit Helikoptern schnell zum Unglücksort gebracht werden können. Für Bergsteiger und -wanderer gilt, Gefahren rechtzeitig zu erkennen und schnell zu handeln. Unbedingt die Hilfssignale, die in jedem guten Bergführer angegeben werden, beachten und einhalten.
→*Ärztliche Versorgung, Krankenschein, Versicherung, Ausrüstung*

Öffnungszeiten →*Einkaufen*

Oletta

Oletta (1000 Einw.) ist ein wohlhabender Ort in der fruchtbaren Beckenlandschaft Nebbio, zu dem eine kleine, enge Straße durch den Défilé de Lancone führt. Die hellen und freundlichen Häuser des Ferienortes ziehen sich eine Anhöhe hinauf. In der sehenswerten Kirche aus dem 18. Jh. befindet sich ein Triptychonaltar aus dem Jahre 1534.
Hotel: „L'Etable".
Post: Am Ortseingang.
Reiten: „Loisirs-Cheval-Azur", Village Saint-Exupéry, Tel. 95.39.01.17.

Orezza-Quellen →*Piedicroce, Kuranwendungen*

Patrimonio

Patrimonio (500 Einw.) ist ein kleines, recht geschäftstüchtiges und wohlhabendes Dorf am Cap Corse und vor allem für seinen Wein bekannt. An Weinständen werden Rot-, Weiß- und Roséweine sowie der schwere Muskateller zum Verkauf angeboten — jedoch nicht unbedingt billiger als auf der übrigen Insel.
Sehenswert sind die Kirche St. Martin aus dem 16. Jh. und in ihrer Nähe der über 2 m hohe, guterhaltene Megalith-Menhir U Nativu, der 1964 bei Bauarbeiten entdeckt wurde.
Ein Besuch des kleinen Töpferateliers „St. Martinu" am Ortsausgang lohnt sich, denn es gibt original korsische Hausgerätschaften aus Ton zu sehen und zu kaufen.

Pauschalreisen

Pauschalangebote sind immer noch die preiswerteste Möglichkeit, ans Reiseziel zu kommen. Keiner ist gezwungen, pauschal zu reisen und kann sich individuell bewegen. So ist das günstigste Pauschalangebot mit billigem Hotel immer noch günstiger als ein Linienflug, auch wenn der Reisende das Hotelarrangement nicht nutzt.

Große Unterschiede gibt es bei den Preisnachlässen für Kinder. In Begleitung von zwei Erwachsenen sollte ein Kind bis zum unvollendeten 12. Lebensjahr mindestens 60 % Ermäßigung erhalten (Unterbringung im gleichen Zimmer). Alle Veranstalter bieten zu diversen Vor- und Nachsaisonterminen Drei-Wochen-Arrangements zum Preis für zwei Wochen an. Rechtzeitiges Erkundigen und Buchen lohnt sich.

Zu beachten ist auch, daß die Differenz zwischen Halb- und Vollpension oft nur 50 DM pro Woche ausmacht. Den Vorzug sollte hier der Vollpension gegeben werden, da man für 50 DM auf Korsika nicht siebenmal essen gehen kann. Lieber mal ein Abendessen im Hotel ausfallen lassen oder sich dafür ein „Lunchpaket" geben lassen und in einem typischen Restaurant speisen. Das sogenannte „Lunchpaket" oder „Picnic" unbedingt einen Tag vorher im Hotel bestellen, da die Mahlzeit sonst verfällt. Das „Picnic" enthält Kaltverpflegung wie Sandwiches, gekochte Eier und Obst und ist ideal für Wanderungen und Tagesausflüge.

Wer während einer Pauschalreise Mängel feststellt und sich beschweren möchte, sollte dies umgehend und vor Ort bei der zuständigen Reiseleitung tun. Nur so kann der Veranstalter Abhilfe schaffen oder Ersatz bieten.

Pflanzen

Eine abwechslungsreiche Flora findet man in den verschiedenen Klimazonen der Insel: Dünenpflanzen an den Stränden, undurchdringliche Macchia, Olivenhaine, Kastanienwälder, Laubwälder, Misch- und Pinienwälder bis hinauf zu den Flechten und Kräutern der alpinen Gipfel. Der Duft des Macchia-Urwaldes erreicht den Reisenden bei günstigem Wind bereits auf dem Schiff nach Korsika, was diese Art der Anreise besonders reizvoll macht. Im Frühjahr (April-Juni) erreichen Duft und Blüte ihren Höhepunkt.

Die Mittelmeerflora kann man gut kennenlernen im Botanischen Garten „Futurtorist Mediterranea", Maison St. Marc, 20248 Macinaggio, Tel. 95.35.46.28.

Macchia

Macchia ist ein immergrüner, etwa 2 m hoher Buschwald, der rund 25 % der Fläche Korsikas bedeckt. Die Macchia besteht vor allem aus Wacholder, Ginster, Zistrose, Baumheide *(erica arborea),* Erdbeerbaum *(arbutus unedo),* Mastixsträuchern *(pistacia lentiscus),* weißblühender Myrte *(myrtus communis),* Oleaster, Farnen und Kreuzdorn. Der intensive aromatische Geruch stammt vor allem von Kräutern wie Thymian *(thymus vulgaris),* Rosmarin *(rosmarinus officinalis),* Majoran, Fenchel *(foeniculum vulgare),* Minze und Levendel *(lavendula stoechas)* sowie Gräsern.

Höhenzonen

Korkeichen *(quercus suber)* werden in den Ebenen kultiviert und regelmäßig, etwa alle acht Jahre, geschält. Eukalyptusbäume wurden besonders im Osten Korsikas angepflanzt, um die Sümpfe auszutrocknen und damit die Malaria zu bekämpfen (ein einzelner Baum der Art *Eucalyptus globulus* „trinkt" täglich bis zu 500 l Wasser). Wie der Eukalyptusbaum sind auch die gelegentlich vorkommenden Palmen oder der Feigenkaktus (Opuntie) mit den unscheinbaren, aber zahlreichen Stacheln an den Früchten (September) keine heimischen Pflanzen, sondern erst von den Menschen eingeführt worden. Bis 600 m Höhe sind ferner der Ölbaum, Palmen, Agaven, Feigenkakteen, Schirmpinien und Aleppokiefern anzutreffen. Kastanienwälder gedeihen — wie die Seestrandkiefer *(pinus pinaster)* — meist in 500-800 m Höhe. Die Kastanien waren früher die Nahrungsgrundlage der Korsen (→*Essen und Trinken*).

Eine wichtige Zeigerpflanze der Macchia, die Zistrose, kommt in Höhen bis zu 1000 m vor. Ihr folgt bis zu 1800 m Höhe die markante Lariccio-Kiefer (Schwarzkiefer), die bis zu 50 m hoch und 600 Jahre alt werden kann. Dazwischen wachsen Buchenwälder, u. a. mit Ahorn, Birken und Eichen sowie Heiden.

Die subalpine Stufe (1600-2100 m Höhe) wird geprägt von der korsischen Zwergerle, Gebirgswacholder, Thymian, und Torfmoosen. Flechten, eine Lebensgemeinschaft aus Algen und Pilzen, sind in den alpinen Regionen (ab 2100 m Höhe) auf Felsen anzutreffen — wie auch gelegentlich Ehrenpreis, die Grasnelke und die Zwerg-Strohblume, die auch als „korsisches Edelweiß" bezeichnet wird.

→*Wald*

Piana

13 km von Porto entfernt in den Calanche, der berühmten rotleuchtenden Felsenlandschaft, liegt Piana (800 Einw.). Der Ort selbst hat keine besonderen Sehenswürdigkeiten zu bieten, und die kleine Bucht von Fi-

cajola ist mit 5 km eigentlich zu weit entfernt, als daß er sich als Badeort eignete. Dafür ist er aber ein guter Ausgangspunkt für Wanderungen und Touren in die Calanche, die hinter dem Dorf anfangen. Ausflüge kann man auch zum Capo Rosso (322 m), zum Capo d'Orto (1297 m) mit seiner grandiosen Aussicht und zu den nahen Stränden des Golfs von Porto unternehmen.

Hotels

Preis pro Tag und Zimmer 30 bis 60 DM:

,,Les Roches Rouges", Tel. 95.26.81.81; 35 Zimmer, sehr einfach.

,,Les Calanches", Tel. 95.26.82.08; 17 Zimmer, im Ort, Strandnähe, einfach und sehr freundlich.

,,Le Continental", Tel. 95.26.82.02; 17 Zimmer, nettes Restaurant, am Meer.

,,Propriété Grimaldi", 1, route du Belvédère, Tel. 95.27.82.98; ganz neu gebaut, Zimmer mit und ohne Terrasse, schöne Aussicht auf den Golf von Porto.

Preis pro Tag und Zimmer zwischen 50 und 100 DM:

,,Capo Rosso", Tel. 95.26.82.40; 60 Zimmer, 3-Sterne-Hotel am Hang im Ort, Pool, Garten, Restaurant.

Pianottoli-Caldarello

Das Örtchen Pianottoli-Caldarello liegt zwischen Sartène und Bonifacio an der N 196. Seine Besonderheit sind die noch erhaltenen Höhlenwohnungen, die bis ins 19. Jh. bewohnt waren.

Der Ort ist für Touristen aber vor allem wegen seiner Nähe zu den Stränden der Baie de Figari bekannt, die 5 bis 7 km entfernt liegen. In der Bucht, in der man sehr gut tauchen und surfen kann, sind einige Feriensiedlungen entstanden. Dennoch hält sich der Touristenrummel hier noch in Grenzen.

Hotels

Preis pro Tag und Zimmer zwischen 40 und 80 DM:

,,Le Spartano", Tel. 95.71.82.62; 8 Zimmer, kleines Restaurant, im Wald gelegen.

,,Macchie e Fiori", Tel. 95.71.81.69; 12 Zimmer, Restaurant, im Ort gelegen.

In den verschiedenen Klimazonen der Insel findet man eine abwechslungsreiche Flora ▶

Piedicroce

Über dem Tal von Orezza und am Fuße des San Patrone (1767 m) liegt Piedicroce, ein winziges (Ferien-)Dörfchen (300 Einw.) in der Castagniccia. Sehenswert ist die Kirche Saint Pierre et Paul mit Barockfassade und Holzschnitzereien aus dem 16. Jh. Ganz in der Nähe steht die Ruine des Franziskanerklosters von Orezza, das lange Zeit das Zentrum des korsischen Widerstandes gegen Genuesen und Franzosen war und in dem sich der sauerländische Baron Theodor von Neuhoff 1736 zum König von Korsika krönen ließ. Unten im Tal, in 4 km Entfernung, befinden sich die Quellen von Orezza, die schon in der Antike bekannt waren. Wegen ihres hohen Eisengehaltes werden Trinkkuren besonders bei Anämie, aber auch bei Magen- und Darmerkrankungen verordnet.
Hotel: „Le Refuge", Preis pro Zimmer ca. 55 DM.

Pino

Dieser 280-Einwohner-Ort liegt in Hanglage an der Westküste vom →*Cap Corse*. Sehenswert sind der genuesische (runde) Wachturm an der Küste, die zwei in höherer Lage erbauten (viereckigen) pisanischen Türme sowie die barocke Kirche mit dem quadratischen Glockenturm. 2 km im Landesinneren ist der „Seneca"-Turm auf einem gut sichtbaren Felsen nicht zu übersehen. In dieser Gegend soll der römische Philosoph wegen einer angeblichen Liebesaffäre acht Jahre in Verbannung gelebt haben (41-49 n. Chr.). Kein Wunder, daß er seinen „Zwangs"-Aufenthaltsort (Korsika) nicht in den schillerndsten Farben schilderte.

Politik

Seit 1982 hat Korsika eine 61köpfige Regionalregierung — ein Zugeständnis von Paris an die Autonomiebestrebungen Korsikas. Kritiker unterstellen diesem „Sandkastenparlament", in dem sich zur Zeit Linke und Rechte die Waage halten, allerdings nur eine Feigenblattfunktion.

Unabhängigkeitsbewegung

Zielscheibe der Separatisten, die sich für ein freies Korsika einsetzen, sind Touristengebiete, weil ein Großteil der hier eingenommenen Devisen nicht in die korsische Wirtschaft, sondern in die Taschen von Festlandfranzosen fließt. Das idealistisch anmutende Ziel mag man vielleicht noch nachvollziehen können, die Methoden jedoch nicht: Gewaltanwendung und Schutzgelderpressung sind an der Tagesordnung. Zwar sind in erster Linie Einrichtungen und Gegenstände, nicht aber Menschen das Ziel der Anschläge. Leider sind jedoch die Grenzen fließend, wie die Erfahrung gezeigt hat. Seit August 1992 häufen sich die Anschläge, weil das regionale Parlament entgegen der Zusagen der französischen Regierung keine Kompetenzen hat.

→ *Verwaltung*

Polizei → *Notfall*

Ponte Leccia

Am Zusammenfluß von Golo, Asco und Tartagine liegt im nördlichen Zentralkorsika in einem weiten Tal der seit jeher wichtige Verkehrsknotenpunkt Ponte Leccia (1200 Einw.). Er ist die wichtigste Bahnstation Korsikas, und zudem kreuzen sich hier die beiden Landstraßen N 193 und N 197. Da der Ort eine der wenigen Industrie- und Handelsstädte Korsikas ist, kann man ihn für den Urlaub nicht gerade empfehlen, dafür bietet er für Selbstversorger gute Einkaufsmöglichkeiten und ist Ausgangsort für verschiedene Ausflugstouren. Etwas außerhalb bieten viele Höfe gesponnene und ungesponnene Schafswolle preiswert an.

Hotels

Preis pro Tag und Zimmer bis 70 DM:

„Des Touristes", Morosaglia, Tel. 95.47.61.11; 12 Zimmer, Pool, Restaurant. „Las Vegas", Tel. 95.47.61.59; 40 Zimmer, in Flußnähe, beliebt als Zwischenstop bei Wanderern, Radfahrern, etc.

Ponte Nuovo

Das kleine Örtchen Ponte Nuovo, 8 km von Ponte Leccia entfernt gelegen, erlangte während des korsischen Unabhängigkeitskrieges tragische Bedeutung: Am 8. Mai 1769, nach einer erbarmungslosen Schlacht mit den Franzosen, mußte sich Pascal Paoli hier mit seinen Truppen geschlagen geben und ging ins Exil nach England. Das war das Ende der korsischen Unabhängigkeit.

Sehenswert sind die genuesische Brückenruine mit ihren fünf Bögen über den Golo und dahinter das Denkmal zur Erinnerung an die Schlacht.

Porticcio

Ein beliebtes Ausflugsziel für die Ajaccianer ist der 16 km südlich von Ajaccio gelegene Badeort Porticcio. Die Wohn- und Ferienhäuser liegen direkt an der Küste. Die Küstenstraße führt am Agostastrand und am Fischer- und Yachthafen von Chiavari, der von Pinienwäldern umgeben ist, vorbei und endet in der Punta di a Castagna, die von einem der mächtigen genuesischen Wachtürme beherrscht wird. Ein „Geheimtip" für Bade- und Naturfreunde ist die felsige Halbinsel Isolella südlich von Porticcio mit ihren kleinen Sandstränden.

Porticcio / **Praktische Informationen**

Hotels

Preis pro Tag und Zimmer bis 60 DM:
„Porticcio", Tel. 95.25.05.77; 45 Zimmer, Restaurant, im Ort am Strand, einfach und sehr freundlicher Service.
Preis pro Tag und Zimmer zwischen 60 und 100 DM:
„Isolella", route de l'Isolella, Tel. 95.25.41.36; 22 Zimmer, am Strand.
Preis pro Tag und Zimmer ab 100 DM:
„U Paradisu", Tel. 95.25.00.33; 37 Zimmer, im Ort am Strand, gepflegtes 3-Sterne-Hotel.
„Sofitel Thalassa", Tel. 95.25.00.34; 100 Zimmer, direkt am Meer, Nobelherberge mit 4 Sternen, ausgezeichnete Bar und gutes Restaurant.
Information: Touristbüro am Plage des Marines, 20167 Porticcio, Tel. 95.25.07.02.
Nachtleben: Diskotheken „La Galotée", „Liberty" und „Le Krypton".
Reiten: Centre Equestre de Porticcio, M. Casabianca, résid. du Golfe, Tel. 95.25.03.41.

Porto

Am Ende eines Golfes an der Westküste liegt, umgeben von Eukalyptuswäldern, der beliebte und leider sehr überlaufene Badeort Porto (600 Einw.). Die UNESCO hat den Golf von Porto unter Landschaftsschutz gestellt (weltweit an 13. Stelle). Außer dem mächtigen genuesischen Wachturm aus dem Jahr 1549 ist von dem ursprünglichen Dorf nur wenig übriggeblieben. Statt dessen haben sich Hotels breitgemacht. Der Magazinu Genovese — einst ein genuesisches Militärdepot — soll zu einem Meerwasseraquarium umgebaut werden. Der Ort hat einen Kieselstrand, gute Freizeit- und Sportanlagen sowie Einkaufsmöglichkeiten.

Außerdem bieten sich Ausflüge in die Spelunca-Schlucht oder nach Evisa an. Hinter Porto, in Richtung Piana, beginnt die wunderschöne Strecke durch die → *Calanches.*

Porto / **Praktische Informationen**

Autovermietung: Corsica Food, Tel. 95.26.14.74; Citer, Relais du Pont, Tel. 95.26.14.14.

Banken: Banque Populaire Provençale et Corse, Tel. 95.26.11.71. Crédit Agricole, Tel. 95.26.14.14.

Busverbindungen: täglich nach Ajaccio.

Camping: Rund 20 Campingplätze stehen zur Wahl, z. B. der einfachere „Camping municipal" am Rive Gauche (Tel. 95.26.17.76) oder der 5-Sterne-Platz „Les Oliviers" am Au Pont de Porto (Tel. 95.26.14.49, Fax 95.26.12.49; Preis: ab 35 FF pro Person und Zelt).

Der beliebte Ferien- und Badeort Porto wird von einem pisanischen Festungsturm bewacht

Hotels

Preis pro Tag und Zimmer bis 60 DM:

„Le Golfe", Tel. 95.21.13.33; 10 Zimmer, einfach und freundlich, Restaurant und Bar, am Strand gelegen.

„Brise de Mer", Tel. 95.26.10.28; 24 Zimmer, Restaurant und Bar, viel deutsches Publikum, am Strand gelegen.

Preis pro Tag und Zimmer zwischen 60 und 90 DM:

„Monte Rosse", Tel. 95.26.11.50; 8 Zimmer, in Strandnähe, sehr klein, einfach und freundlich.

„Capo d'Ortu", Tel. 95.26.11.14; 30 Zimmer, Restaurant und Bar.

Preis pro Tag und Zimmer über 90 DM:

„Vaita", Tel. 95.26.10.37; 30 Zimmer, 3-Sterne-Haus, für Körperbehinderte geeignet, am Strand.

„Les Flots Bleus", Tel. 95.26.11.26; 20 Zimmer, Restaurant und Bar, komfortables 3-Sterne-Haus am Strand.

Information: Syndicat d'Initiative, La Marina, 20150 Porto, Tel. 95.26.10.55.

Sport: Mini-Golf: gepflegte Anlage, Tel. 95.26.11.45.

Schiffsausflüge: Fahrt zu den Schluchten von Piana, Abfahrt am späten Nachmittag, ca. 3 Stunden, Preis ca. 18 DM, weitere Auskünfte und Buchungen im Hotel „Monte Rosse", Tel. 95.26.11.50.

Tauchen: Tauchausrüstung und -kurse werden angeboten beim „Centre de Plongée" (Tel. 95.26.10.29, Fax 95.26.12.49).

Porto-Vecchio

Porto-Vecchio (8000 Einw.) ist der drittgrößte Ort Korsikas und der bedeutendste Ferienkomplex der Ostküste. Er besticht weniger durch seine Sehenswürdigkeiten als durch seine Ausflugsmöglichkeiten, seinen gutausgebauten Yachthafen, Strände und Ferienanlagen in der Nähe. Neben dem beständig ansteigenden Fremdenverkehr verdankt der Ort seinen bescheidenen Wohlstand der Korkeichenindustrie, dem Wein- und Olivenanbau sowie den angrenzenden Salinen.

Das Städtchen liegt 70 m hoch, am Ende eines 9 km langen Fjordes, und wurde 1539 gegründet. Aus dieser Zeit stammt auch die oben am Hügel gelegene Zitadelle mit der Porte Génoise, von der aus man einen schönen Blick auf den Golf von Porto-Vecchio und die Umgebung hat. Die alte Oberstadt wird nachts angestrahlt.

Im Umkreis von etwa 10 km gibt es einige sehr schöne Sandstrände mit sauberem Wasser wie z. B. Plage de Palombaggia, Golfo de Sogno, Plage de San Cyprianu und das FKK-Gelände Plage de la Chiappa. Für Ausflüge in die nähere Umgebung bieten sich beispielsweise La Trinité (La Torre) mit der torreanischen Zyklopenmauer und das Castellu d'Arraggio, ein torreanischer Festungskomplex, an. Der Ort bietet hervorragende Einkaufs- und Unterhaltungsmöglichkeiten — bis in die Nacht.

Porto-Vecchio / **Praktische Informationen**

Apotheke: „Mattei" in der rue du Général de Gaulle, „Quilichini" in der 3, rue Napoléon und „Du port" am quai Pascal Paoli.

Ärztliche Versorgung: Krankenhaus „Clinique de l'Ospendale" in der carrefour des 4 chemins, Tel. 95.70.00.09. Daneben gibt es fünf allgemeine Ärzte und fast ebenso viele Zahnärzte.

Autovermietung: AVIS, Imm. „Terazzoni", route de Bastia, Tel. 95.70.14.77;
Balesi Europcar, route de Bastia, Tel. 95.70.14.50;
BUDGET, Port de Plaisance, Tel. 95.70.25.70;
Citer A.B.C, route de Bonifacio, Tel. 95.70.16.96.

Baden: Beliebte Strände der Umgebung sind Palmobaggia (15 km von Porto-Vecchio entfernt), Pinarello (18 km) oder Santa Gulia (9 km). Weitere Sandstrände gibt es in den Felsbuchten zwischen Porto-Vecchio und Bonifacio.

Banken: Crédit Lyonnais und Société Générale in der route de Bastia, Crédit Agricole am quartier Poretta und etwa acht weitere Banken und Geldwechselstellen.

Camping: Rund 20 Campingplätze stehen zur Wahl.

Einkaufen: In der Oberstadt, besonders in der rue du Général Leclerc, gibt es eine Reihe von Geschäften, die im Sommer bis 24 Uhr geöffnet sind. Das Angebot reicht von korsischen Spezialitäten über den üblichen Touristen-Kitsch bis hin zu internationaler Mode, Foto-, Auto- und Bootszubehör.

Hotels

Preis pro Tag und Zimmer bis 50 DM:

„Le Panorama", Tel. 95.70.07.96; 12 Zimmer, im Ort.

„Chez Holzer", rue Jean Jaures, Tel. 95.70.05.93; 28 Zimmer, Restaurant mit guter Küche, Bar, im Ort gelegen.

Preis pro Tag und Zimmer zwischen 50 und 80 DM:
„Le Maquis", Tel. 95.70.04.51; 42 Zimmer, Restaurant und Bar, schön ge-
legen, Strandnähe.
„Le Goeland", Tel. 95.70.14.15; 22 Zimmer, am Strand.
„Du Roi Theodore", Tel. 95.70.14.94; 39 Zimmer, gutes Restaurant,
charmant-originelles 3-Sterne-Hotel im Ort.
Preis pro Tag und Zimmer über 100 DM:
„Cala Verde", BP 51, Tel. 95.70.11.55; 40 Zimmer, komfortables 3-Sterne-
Hotel, ruhige Lage am Strand.
Information: Syndicat d'Initiative, La Marine, Tel. 95.26.10.55.
Kino: „Cinéma Empire" in der route de Bonifacio, Tel. 95.70.20.46.
Post: In der Stadtmitte.
Reiten: Ranch du „Stabbiacciu", M. Noel Andreani, Tel. 95.70.17.30.
Restaurants: „Lucullus", rue du Général-de-Gaulle.
„La Marinière", an der Marina.
Schiffsausflüge: Fahrt zu den Schluchten von Piana, Abfahrt am spä-
ten Nachmittag, ca. 3 Stunden, Preis ca. 18 DM, weitere Auskünfte und
Buchungen im Hotel „Monte Rosse", Tel. 95.26.11.50.
Sport: Tauchen: La Palanque Cip, Les Marines, Tel. 95.70.16.53; Club de
Plongée Kalliste, B.P. 76; Minigolf: Tel. 95.26.11.45.
Taxi: Station Cours Napoléon, Place de la République, Tel. 95.70.08.49.
Dazu kommen weitere fünf kleine Taxiunternehmen.

Post

Die über 25 Postämter Korsikas sind in der Regel mit schwarzgelben Schil-
dern gekennzeichnet, auf denen „PTT" oder „P et T" steht. Öffnungs-
zeiten: Mo.-Fr. von 8-12 und 14-18 Uhr, Sa. von 8-16 Uhr. Briefmarken sind
auch an Kiosken erhältlich.
Briefe und Postkarten sind nach Deutschland, Österreich und in die
Schweiz ca. 4-5 Tage unterwegs.
Brief — lettre
Postkarte — carte postale
Briefmarken — timbres

Preise

In Frankreich snd die Lebenshaltungskosten generell höher als in Deutschland, dazu kommt auf Korsika der „Inselzuschlag". →*Ajaccio* und →*Ba-*

stia gehören zu den teuersten Städten Frankreichs. Auf der Insel selbst herrscht bei den Preisen ein Süd-Nord-Gefälle. Vergleichsweise hoch sind die Preise für Elektroartikel, Mahlzeiten in Restaurants und Lebensmittel (besonders Fleisch und Molkereiprodukte).

→*Handeln, Ermäßigungen*

Propriano

Der Fischerei- (Langusten) und Handelshafen Propriano (4000 Einw.) liegt im Sartenais und wurde erst im 19. Jh. angelegt. Die Produkte der südkorsischen Landwirtschaft werden hier verschifft, gelöscht werden hauptsächlich Handelswaren vom Festland. Da der Ort noch sehr jung ist, hat er auch keine besonderen Sehenswürdigkeiten zu bieten. Durch das milde Klima, die Hotel- und Ferienanlagen, den Yachthafen sowie die vielfältigen Wassersport- und Freizeitmöglichkeiten hat er sich allerdings zu einem der beliebtesten Ferienorte gemausert. Nicht sehr weit entfernt befindet sich das Thermalbad Baracci.

Propriano / **Praktische Informationen**

Ärztliche Versorgung: 4 Ärzte (z. B. Dr. Quilichni in der av. Napoleon 13, Tel. 95.76.00.96) und 5 Zahnärzte (z. B. Dr. Foatelli in der 20, rue Général-de-Gaulle, Tel. 95.76.06.60).

Apotheken: „Royer" in der 3, av. Napoleon, (Tel. 95.76.01.39) und „Terrazoni" in der rue Général-de-Gaulle (Tel. 95.76.00.81).

Autoverleih: AVIS, 22, rue Général-de-Gaulle, Tel. 95.76.00.76; EUROPCAR, rue Général-de-Gaulle, Tel. 95.76.05.36; Hertz, 6, rue Général-de-Gaulle, Tel. 95.76.22.60, u. a.

Camping: 4 Campingplätze stehen zur Wahl, z. B. „Colomba" an der route Baracci, Tel. 95.76.06.42.

Einkaufen: Touristenläden in der Innenstadt, zwei Supermärkte an der Straße nach Sartène.

Fahrradverleih: „Valinco Accessoires" in der rue Jean Pandolfi (Tel. 95.76.11.84) und „T.T.C. Sarl" in der rue Général-de-Gaulle (Tel. 95.76.15.32).

Hafen: Port de Plaisance; Tel. der Capitainerie 95.76.10.40.

Hotels

Preis pro Tag und Zimmer bis 50 DM:

„Résidende Dolce Vita", Pont de Rena Bianca, Tel. 95.76.06.39; 20 Zimmer, Pool, recht einfaches Hotel.

„Arena Bianca", route de Rizzanese, Tel. 95.76.06.01; 105 Zimmer, sehr einfach und laut.

Preis pro Tag und Zimmer zwischen 50 und 80 DM:
„Le Lido", Tel. 95.76.06.37; 17 Zimmer, am Strand, nettes freundliches Haus.

Preis pro Tag und Zimmer über 80 DM:
„Roe e Mare", route de la Corniche, Tel. 95.76.04.85; 60 Zimmer, 3-Sterne-Hotel, viel deutsches Publikum, in der Nähe des Hafens und des Strandes.

„Le Miramar", La Corniche, Tel. 95.76.06.13; 31 Zimmer, komfortables 3-Sterne-Hotel in Strandnähe.

Information: Touristbüro in der rue Général-de-Gaulle 17, 20110 Propriano, Tel. 95.76.01.49 (geöffnet Juli-September 9-12 und 15-19 Uhr, teilweise auch länger).

Jugendherberge: Auberge de Jeunesse an der route de Baracci (Tel. 95.76.19.48).

Polizei: Gendarmerie in Les Hts de Propriano.

Post: Nahe der Schule, Tel. 95.76.02.04.

Reiten: Centre Equestre de Baracci, M. Francis Leandri, Viggianello, Tel. 95.76.08.02.

Restaurants: Die meisten der 11 Restaurants und 5 Bars befinden sich in der avenue Napoléon und rue Général-de-Gaulle.

Schiffsverbindungen (in der Hauptsaison): S.N.C.M.: Propriano — Marseille — Propriano, Propriano — Toulon — Propriano.

Sport: Tennis im Parc des Sports in der route de Sartène (Tel. 95.76.13.35), Minigolf im Hotel „Ollandini" an der route d'Ajaccio (Tel. 95.76.05.10).

Tauchen: „Valinco Plongée" (Tel. 95.76.21.03) und „U Levante" (Tel. 95.76.23.83), beide im Port de Plaisance.

Taxi: Station rue Capitaine-C. Pietri, Tel. 95.76.04.58.

Quenza

Quenza ist ein kleiner Ferienort unterhalb der Punta Marcorinaccio und des Monte Incudine. Sehenswert ist eine kleine frühromanische Kapelle, zu der man sich den Schlüssel im Bürgermeisteramt holen muß. Im Ort kann man gute, korsische Küche im Restaurant „Au Sporting" genießen.

Quenza / **Praktische Informationen**

Hotel: „Sole e Monti", Tel. 95.78.62.53; 20 Zimmer, sehr gutes Restaurant, idyllisch gelegenes Haus.

Reiten: Chez Pierrot, Tel. 95.25.43.64.
Sport: Klettern und Skilanglauf bei „I Muntagnoli Corsi", Tel. 95.78.64.05.

Reiseandenken

Naturprodukte wie Honig, Wein, Liköre, Schafswolle, Käse, Töpferarbeiten oder Korbwaren sind typisch für die Insel. Käse sollte erst am letzten Tag gekauft werden, da er nach zwei Tagen ohne Kühlung bereits penetrant riecht.

Darüber hinaus bieten viele mehr oder weniger begabte Künstler Aquarelle, Seidenmalereien, Batiken und anderes Kunsthandwerk an. Handeln ist hier erlaubt.

Originelle Andenken sind ein paar schön gefärbte und geformte Steinchen, wie sie millionenfach an der Küste zu finden sind. Besonders schön sind die braungelben bauxithaltigen oder die grünen kupferhaltigen Steine. Werden allerdings „korsische Korallen" angeboten, so stammen diese meist von Korallenbänken aus dem asiatischen Raum, wo ganze Korallenbänke für den weltweiten Souvenirmarkt regelrecht abgeräumt werden. Auf den Kauf solcher Produkte sollte man verzichten.

→*Einkaufen, Handeln, Handwerk*

Reisezeit

Für einen Badeurlaub empfiehlt sich die Zeit von Ende Mai bis Mitte September, wobei man — falls möglich — die Zeit von Mitte Juli bis Ende August besser meiden sollte, weil die Gebiete überfüllt und die Preise überhöht sind. Der September gilt bei vielen als Geheimtip, weil das Klima nicht mehr allzu heiß, die Meerestemperatur aber noch angenehm warm ist. Dazu kommen die günstigeren Preise (z. B. Fähren, Hotels, Campingplätze) in der Nebensaison. Die Landschaft ist im März/Juni besonders reizvoll, da die meisten →*Pflanzen* in Blüte stehen.

Etwa die Hälfte des Jahresniederschlages fällt in der Zeit von Oktober bis März. Von November bis März fällt im Hochgebirge reichlich Schnee, der bis auf die 300-m-Grenze herunterkommt. Kletterer werden die Zeit ab Mitte Juli bevorzugen, da man bei Hochgebirgstouren keine allzu große Hitze befürchten muß und in hochalpinen Lagen garantiert kein Schnee mehr liegt. Für Skiurlauber sind die Monate Januar und Februar die beste Reisezeit. Auskünfte erhält man über das Fremdenverkehrsamt oder direkt bei den Hotels und Wetterämtern.

Religion

Die Korsen sind vorwiegend römisch-katholisch mit Ausnahme der griechisch-orthodoxen Gemeinde von Cargèse. Sie sind sehr religiös und legen großen Wert darauf, daß ihre religiösen und moralischen Prinzipien von Fremden respektiert werden. Dazu gehören das Abdecken der Schultern und das Tragen von langen Hosen bei Kirchbesuchen, die Einhaltung der FKK-Gelände und auch das Besuchsverbot der Mausoleen für Unbefugte. Obwohl die Korsen sehr katholisch sind, haben sich viele traditionelle heidnische Gebräuche auf folkloristischen Festen und dergleichen erhalten. Die katholischen Feiertage wie Karfreitag, Himmelfahrt, etc. werden teilweise mit sehr beeindruckenden Prozessionen und Bräuchen begangen.

→*Folklore, Feiertage und Feste*

Restaurants

Neben den stereotypen Snack-Bars und den Touristenabfütterungssälen mit eingedeutschter Geschmacklosigkeit gibt es eine Vielzahl wirklich guter Lokale auf der Insel — sowohl in den Hauptorten als auch in den Bergen, abseits der Hauptstraßen. Es wurde sogar eine spezielle „Schlemmer-Route" mit typischen Gasthäusern ausgearbeitet, die das Genießerherz höher schlagen läßt. Zu beachten ist, daß in französischen Restaurants für das „Couvert", also den gedeckten Tisch, eine Extramarge von ca. 3,50 DM erhoben wird.

→*jeweilige Ortschaft, Essen und Trinken*

Rogliano

Der Mittelpunkt dieses angeblich „schönsten Dorfes" des →*Cap Corse* ist der Ortsteil Bettolacce mit den zwei Kirchen *St.-Come-et-St.-Damien* und *St. Agnel,* beide aus dem 16. Jh. Westlich von Rogliano, in Quarcioli und Vignale, sind noch Reste mehrerer Burganlagen aus dem 12. Jh. erhalten. 5 km östlich davon liegt Macinaggio, direkt an der Küste unweit des nördlichsten Punktes Korsikas. Erwähnenswert sind hier der Yachthafen, das Leuchtfeuer sowie der 700 m lange Sandstrand.

Rogliano / **Praktische Informationen**
Ärztliche Versorgung: M. Antonini (Tel. 95.35.43.01) und P. Patrice (Tel. 95.35.41.36), beide in Macinaggio.

Apotheke: Pharmacie Santucci in Macinaggio, Tel. 95.35.42.33.
Bank: Banque Crédit Agricole in Macinaggio.
Camping: „Camping de la Plage", in Macinaggio, Tel. 95.35.43.76.
Hotels
„Auberge di Magna", Tel. 95.35.44.98, und „U St. Agnelu", Tel. 95.35.40.59
in Rogliano sowie „Les Iles", Tel. 95.35.43.02, und „U Libecciu" in Maci-
naggio, Tel. 95.35.43.22.
Information: Syndicat d'Initiative de Rogliano-Macinaggio, Tel. 95.31.00.89.

Sagone

Die kleine Siedlung Sagone ist römischen Ursprungs und war seit dem
6. Jh. Bischofssitz. Heute hat sich der Ort, der 35 km nördlich von Ajaccio am Golf von Sagone liegt, zu einem beliebten Ferienort mit schönem
Sandstrand, guten Wassersportmöglichkeiten und einem neuen Yachthafen gemausert. Sehenswert sind die Ruine der Kathedrale aus dem
6. Jh. sowie eine prähistorische Menhirstatue am Flußufer. Von Sagone

Sartène — eine düstere, mittelalterliche Stadt

aus hat man sehr schöne Ausflugsmöglichkeiten in die mit Weinfeldern und Obstplantagen übersäte Landschaft der Cinarca.

Sagone / **Praktische Informationen**

Autovermietung: Anfriani DLMC, Station Service, Tel. 95.28.01.15.
Camping: „U Mintrastettu" an der Route de Vico, Tel. 95.28.04.15.
Reiten: „Ranch de Sagone", M. Jean Gaffory, Tel. 95.28.01.57.
Schiffsausflüge: Besuch der Grotten und Felsschluchten des Capo Rosso und der Calanche de Piana täglich ab 8.30 Uhr (Tel. 95.26.41.10).

Saint Florent

Der Hauptort des Nebbio, des Nebellandes, Saint Florent (1200 Einw.) liegt am gleichnamigen Golf am westlichen Fuße des Cap Corse. Sehenswert sind der mittelalterliche Stadtkern, die etwas außerhalb gelegene romanische *Basilika Santa Maria* und die restaurierte *genuesische Zitadelle.* Außerdem besitzt das Städtchen einen malerischen Fischerhafen, in dem bunte Fischerboote friedlich dümpeln, und etwas südlich gelegen einen Yachthafen.

St. Florent ist ein beliebter Ferienort mit großem Freizeitangebot, hierbei ist er besonders als Taucherzentrum mit angeschlossener Schule bekannt. Westlich schließt sich die Wüstenlandschaft →*Désert des Agriates* an.

Saint Florent / **Praktische Informationen**

Autovermietung: Citer, Garage Morati, Tel. 95.37.05.19. Locanautic, Tel. 95.37.07.87, Hertz, Yachthafen, Tel. 95.37.03.49.
Busverbindungen: nach Bastia und Ile-Rousse mehrmals täglich.
Banken: Crédit Agricole, Tel. 95.37.02.76. Société Générale, Tel. 95.37.04.35.
Fahrradverleih: Locanautic, Tel. 95.37.07.87.
Ferienwohnungen und -häuser: anzumieten über Agence des Arcades, Tel. 95.37.00.89.
Hotels
Preis pro Tag und Zimmer bis 50 DM:
„Santa Maria", route de Bastia, Tel. 95.37.04.44; 30 Zimmer, einfach, Strandnähe.
„La Roya", route de la Roya, Tel. 95.37.00.40; 29 Zimmer, 2-Sterne-Hotel am Strand gelegen.

Preis pro Tag und Zimmer zwischen 50 und 100 DM:
„Dolce Notte", Tel. 95.37.06.65; 25 Zimmer, ruhig gelegen.
Preis pro Tag und Zimmer über 100 DM:
„Bellevue", Tel. 95.37.00.06; 27 Zimmer, komfortables 3-Sterne-Hotel am Strand.
Information: Office du Tourisme, Imm. Sainte Anne, Tel. 95.37.06.04.
Mofa- und Motorradverleih: Locanautic, Tel. 95.37.07.87.
Tauchen: Dauphin-Club, M. Rancurel, Les Arbousiers, route d'Oletta, Tel. 95.39.03.42.
Yacht- und Kabinenbootcharter: Locanautic, rue Napoléon, Tel. 95.60.05.17.
Yachthafen: Capitainerie du Port de Plaisance, 550 Liegeplätze, Tel. 95.37.00.79.

Sartène

Im Landesinneren der südwestlichen Spitze Korsikas, in 300 m Höhe über dem Rizzanese-Tal, liegt die Unterpräfektur der Region Valinco, Sartène (3000 Einw.). Sie gilt als die korsischste Stadt schlechthin. Ihre strengen, mehrstöckigen Bauten zeugen von der feudalherrschaftlichen Vergangenheit. Beim Durchschreiten der engen, sich windenden Gassen kann man noch heute ein leichtes Unbehagen empfinden und sich gut vorstellen, wie sich im 19. Jh. die Familienclans der Ober- und Unterstadt blutige Kämpfe lieferten — unter dem Schlagwort „Vendetta" sind sie noch heute bekannt. Zu diesem düsteren Image paßt auch, daß Sartène lange Zeit als Banditennest bekannt war und ausgerechnet hier eine Karfreitagsprozession stattfindet, wie sie ähnlich nur in Sevilla oder Valencia abgehalten wird: Ein „Catenacciu" (Geketteter), eine in ein rotes Büßergewand gehüllte und mit 13 m langen Ketten beladene Person, zieht in der Karfreitagsnacht mit einem schwerem Kreuz barfuß durch die gespenstisch beleuchteten Straßen zur Kathedrale Sainte Marie. Die Identität des Büßers ist nur dem Priester bekannt, der ihn auch während der Prozession begleitet.

Sartène / **Sehenswürdigkeiten**

Zentrum der Stadt ist die Place de la Libération, bekannter unter dem alten Namen Place de la Porta, mit ihren zahlreichen Cafés und Bars. Sehenswert sind das *Rathaus,* der ehemalige *Gouverneurspalast* mit einigen schönen Gemälden aus dem 17. Jh. sowie die besterhaltenen *Dolmen* der Insel, die ganz in der Nähe, südwestlich von Sartène, zu finden sind.

Maninghedda heißt ein mittelalterliches Viertel zwischen Stadttor und dem Festungswerk. Die *Kirche Sainte Marie* (18. Jh.) birgt die oben genannten Karfreitags-Utensilien.

Musee Départemental de Préhistoire Corse: In diesem ehemaligen Gefängnis sind heute Fundstücke aus der Megalith-Kultur sowie der Bronze- und Eisenzeit zu sehen — eine gute Darstellung aller vorgeschichtlichen Fundstellen Korsikas (geöffnet vom 15.6.-15.9. von 10-12 und 14-18 Uhr, Tel. 95.77.01.09, Eintritt: 10 FF).

Sehenswert sind auch die *Menhirreihe* von Pagliagiu und Rinaiu sowie die *Festung* in Tizzano.

Sartène / **Praktische Informationen**

Ärztliche Versorgung: Dr. Corneille, 2, cours Sœur Amelie, Tel. 95.77.04.55; Dr. Mary, 6, cours Sœur Amélie, Krankenhaus, Tel. 95.77.11.71 und 3 Zahnärzte (z. B. Dr. Carlotti, 6, cs Sœur Amélie, Tel. 95.77.07.05) sowie ein Hospital, Tel. 95.77.04.26.

Apotheke: „Benedetti" in der 1, cours Buonaparte, „Cathérine" in der cours Sœur Amélie und „Peretti" an der place de la Libération.

Camping: „Olva les Eucalyptus" an der route de la Castagna, Tel. 95.77.11.58.

Hotels

Preis pro Tag und Zimmer bis 50 DM:
„Fior di Riba", Tel. 95.77.02.72; 12 Zimmer, kleines Restaurant.

Preis pro Tag und Zimmer zwischen 100 DM:
„Les Roches", Tel. 95.77.07.61; 76 Zimmer, 2-Sterne-Hotel, gute einheimische Küche.

„Villa Piana", Tel. 95.77.07.04; 32 Zimmer, etwas außerhalb.

Information: Syndicat d'Initiative, rue de Borgo, 20100 Sartène.

Post: Unterhalb der place de la Porta.

Reiten: Poney-Club Centre Equestre d'A Madunina, domaine d'A Madunina, M. Christian Perrier, Tel. 95.77.11.37; Madunina, Croccano, Tel. 95.73.40.37.

Restaurants: Gute korsische Küche gibt es im „U Vecciu Mulinu" oder im „I Calda Ni" in Sainte-Lucie-de-Tallano.

Sport: Tennisplätze im Tal unterhalb von Sartène, Richtung Propriano.
Tauchen: Centre Nautique du Lion de Roccapina, Col de Roccapina, Tel.
95.77.10.53.

Schecks →*Geld*
Schiffsverbindungen →*Fähren*
Sehenswürdigkeiten →*jeweilige Ortschaft, Museen*

Sisco

Das 500-Einwohner-Dorf Sisco besteht aus mehreren kleinen Weilern und
steigt 16 km von Bastia entfernt an der Südostküste des Cap Corse den
Hang hinauf. Der Ort galt im Mittelalter als wohlhabendste Siedlung im
Norden der Insel. Waffenschmiede, Händler und Gerber hatten hier einst
ihre Werkstätten. Die großzügige Architektur und die Schätze der Kirche
legen heute noch Zeugnis ab über den einstigen Glanz Siscos. Besonders in der *Pfarrkirche St. Martin* werden Kostbarkeiten wie z. B. die Re-
liquien des Heiligen Jean Chrysostome aus dem 13. Jh. ausgestellt. Unten am Meer befindet sich ein kleiner Hafen mit zwei Kiesstränden, die
Marina de Sisco.

Sisco / **Praktische Informationen**
Camping: „Renajo", Tel. 95.35.21.14, und „A Casoiola", Tel. 95.34.21.50.
Hotels: „Chez Giuseppe", in Marina de Sisco, Tel. 95.35.21.04, „Maccia
e Mare", im 9 km entfernten Pietracorbara, Tel. 95.35.21.36, u. a.

Sitten und Gebräuche

Neben den religiösen haben sich auch viele heidnische und okkultisti-
sche Sitten und Gebräuche auf Korsika erhalten. Was die Zukunft bringt,
oder wie sich jemand verhalten soll, wird z. B. aus Öl gelesen, das bei
Kerzenschein in eine Schale Wasser getropft wird.
Die „Vendetta", die Blutrache, war über viele Jahrhunderte ungeschrie-
benes Gesetz, um die Familienehre und die eigenen Rechte zu verteidi-
gen. Diese Art der Justiz hat ihren Ursprung in dem ganz besonderen
Moral- und Ehrempfinden der Korsen. Unter den ständig wechselnden
Machthabern der Insel konnte sich keine kontinuierliche Rechtsprechung
behaupten, und so wurden die Familien- und Clanoberhäupter zu Rich-
tern und Wächtern über Recht und Unrecht eingesetzt. Viele Konflikte

wurden über Generationen hinaus ausgetragen und haben ganze Familien ausgerottet.

Solenzara

Solenzara (200 Einw.) ist ein kleiner Badeort an der Südostküste mit einem wunderschönen Strand, der am Rande eines Eukalyptuswaldes liegt. Das herrliche Hinterland und die üppige Vegetation trösten über die zum Teil sehr geschmacklosen architektonischen Verirrungen hinweg.
Die großen Muscheln „Nacres" oder „Meeresfedern" gaben dieser felsigen Küste mit ihren kleinen Buchten den Namen „Côte des Nacres". Entlang der Küste sind mehrere Bungalowdörfer und Hotelanlagen mit entsprechendem Umfeld entstanden. Wassersport- und Unterhaltungsmöglichkeiten sind reichlich vorhanden. Als gutes korsisches Lokal sei das „Chez Doumé" genannt, in dem eine ausgezeichnete Fischsuppe serviert wird.

Solenzara / **Praktische Informationen**

Ärztliche Versorgung: Dr. Achilli, Tel. 95.57.42.80, und Dr. Grisoni, Tel. 95.57.45.70.

Apotheke: „Mme. De Peretti", Tel. 95.57.41.70.

Camping: „Côte des Nacres", am Strand, mit verschiedenen Wassersportangeboten, Tel. 95.57.40.65.

Einkaufen: Campingzubehör und Sportartikel gibts bei „Zara Sports" in der Ets bouteville. Ein Supermarkt befindet sich am Südausgang von Solenzara.

Hotels

Preis pro Tag und Zimmer bis 70 DM:
„Les Nacres", Pont du Travo, Tel. 95.57.81.75; 10 Zimmer, Restaurant, am Fluß gelegen.
„Orsoni", Tel. 95.57.42.46; 10 Zimmer, Restaurant.
Preis pro Tag und Zimmer bis 100 DM:
„Du Tourisme", Tel. 95.57.40.10; 15 Zimmer, Strandnähe.
„Résidende Canella", Tel. 95.57.40.44; 15 Zimmer, einfach.

Information: Syndicat d'Initiative de Solenzara (an der Hauptstraße in der Ortsmitte), B.P.N 22, 20145 Solenzara, Tel. 95.57.43.75.

Restaurants: Mehr als 15 stehen zur Wahl, z. B. „Orsoni", Tel. 95.57.40.06, „A Mandria", Tel. 95.57.41.95, oder „La Crêperie", Tel. 95.57.41.11.

Tauchen: Kurse am Hafen *Port de Plaisance.*
Taxi: Mondoloni (Tel. 95.57.84.65).
Wassersport: „Centre Nautique" und Tauchclub, Tel. 95.57.46.15.

Souvenirs →*Reiseandenken*

Spelunca-Schlucht

Diese von vielen Touristen besuchte Schlucht wurde von den Bächen Aitone und Porto geschaffen. Sie läßt sich auf einem alten Maultierpfad (gelbe Markierung) von der Kapelle St. Cyprien nahe Evisa bis nach Ota durchwandern (etwa 2,5 Std.), wobei man eine alte genuesische Brücke (Ponte de Zaglia) passiert.

Sport

Wassersport →*dort*
Bootsausflüge: werden halb- oder ganztags von allen Küstenorten aus angeboten. Auskünfte bei den örtlichen Reisebüros.
Reiterurlaub: Die Insel per Pferd zu entdecken, ist ein Erlebnis ganz besonderer Art. Es gibt über 1000 km Reitwege im Landesinnern. Bei ihnen handelt es sich sowohl um ehemalige Almauftriebswege und Saumpfade als auch um neuangelegte Waldwege. Es wird in kleinen Gruppen immer unter der Leitung eines erfahrenen Führers geritten. Vorkenntnisse im Reiten sind erforderlich. Die Wanderungen dauern etwa drei bis zehn Tage und schließen Übernachtungen in Biwaks oder Hirtenhütten ein. Adressen →*jeweilige Ortschaft.*
Badewasserqualität: Das Meereswasser an den Küsten Korsikas ist auch in der Nähe von Städten im allgemeinen sehr sauber und wird ständig kontrolliert. Öffentliche Bekanntmachungen und Pressemitteilungen weisen auf Orte hin, in denen das Baden nicht erlaubt ist. Fast alle Orte verfügen heute über Kläranlagen, chemische Verschmutzung durch Industrieanlagen gibt es nicht.
Radfahren: Wer nicht auf eigene Faust per Rad die Insel entdecken will, kann sich einer der organisierten Radtouren auf der Insel anschließen. Es werden 12-15tägige Touren mit einer Gesamtstrecke von 1200 km angeboten. Eine bequeme siebentägige Tour über 280 km mit Unterbringung im Hotel ist ebenso darunter wie eine sportliche Etappenrundfahrt über 380 km in sieben Tagen mit Unterbringung in einfachen Herbergen.

Die Organisatoren bieten neben technischem Beistand den Transport von Gepäck und Material sowie Versorgung mit Lebensmitteln. Weitere Auskünfte über den Radsportverein „Vivre la Corse en Vélo", Résid. Napoléon, 23, cours Général Leclerc, 20000 Ajaccio, Tel. 95.22.70.79.

Wer auf eigene Faust unterwegs ist, sollte sich mit gutem Kartenmaterial ausrüsten und — wie auch mit allen anderen Fahrzeugen — im Uhrzeigersinn um die Insel herumfahren. Das hat den Vorteil, daß man immer an der Bergseite und nicht an der Talseite fährt. Und wer auf den Bergstraßen den halbzahmen und sehr neugierigen Schweinen begegnet, der sollte seine Reifen in Sicherheit bringen, die Schweine beißen da gerne mal rein. Fahrräder werden in allen größeren Städten verliehen. Verleihadressen → *Praktische Informationen.*

Rafting, Kajak und Wildbachschwimmen: Ab März kann man von Corte aus Schlauchboot- und Wildbachschlittenfahrten über die Stromschnellen in die Schluchten des Tavignano unternehmen. In einer einmalig schönen und rauhen Landschaft werden Tages- und Wochenendtouren sowie Kurse in dieser feuchten, aber reizvollen Sportart angeboten. Die Unterbringung erfolgt je nach Kategorie im Zelt, in Herbergen oder Hotels mit regionaler Küche. Auskünfte über: „Base du Tavignano", Rafting Ernella, RN 200 Giuncaggio, 20251 Piedicorte di Caggio, Tel. 95.48.83.59.

Fliegen und Fallschirmspringen: Starthänge für Drachen- und Gleitschirmflieger sind vielerorts im Gebirge vorhanden, z. B. Ajaccio, Corte, L'Ile-Rousse. Informationen für Paragleiter bei: Cap Corse Parapente, 20217 Canari, Tel. 95.37.84.81; Move, 20214 Calenzana, Tel. 95.62.70.03. Für Sportflieger und Fallschirmspringer sollen nachfolgend die wichtigsten Clubadressen genannt werden:

Aéroclub de la Corse, Aéroport de Campo dell'Oro, 20000 Ajaccio, Tel. 95.21.18.57.

Aéroclub Saint-Exupéry, Aéroport de Bastia-Poretta, 20200 Bastia; Tel. 95.36.03.83.

Para-Club, Aéroclub de Calvi, Tel. 95.65.02.97.

Tennis: Viele Club- und Hotelanlagen verfügen über Tennisplätze mit und ohne Flutlicht und bieten Tenniskurse an, die bereits über den Reiseveranstalter zu buchen sind. Wer an Turnieren auf der Insel teilnehmen möchte, informiert sich am besten bei nachfolgenden Clubs:

Tennis de Pertamina Village, route de Porto-Vecchio, 20169 Bonifacio, Tel. 95.73.05.47.

Corsica Country-Club, Hameau Valrose, 20290 Borgo, Tel. 95.36.09.46.
Tennis-Club de Mezzavia, col Stiletto, 20000 Ajaccio, Tel. 95.20.14.08.
Mini-Golf: Mini-Golfanlagen gibt es u. a. in Porto, Calvi, Corte, Porticcio
und Propriano.
Skilaufen: Im Winter kommen auch Freunde des Wintersports auf ihre
Kosten; alpin (bis zu 400 m Höhenunterschied) in Asco, Bastalica, Ghi-
soni, Vergio, und Skilanglauf (30 km Loipen) in Evisa, Quenza, Zicavo,
Soccia, Haute Route.
→*Baden, Bergwandern, Höhlen, Wassersport*

Sprache

Französisch ist zwar die offizielle Landessprache, gesprochen wird jedoch Korsisch — mit einer Vielzahl von Dialekten. Korsisch — das ist ein
romanisches Sprachgemisch aus den Sprachen der „Besatzungsmäch-
te" Korsikas: Griechisch, Latein, Iberisch, Italienisch und Französisch.
In verschiedenen Regionen kommt man mit Italienisch weiter als mit Französisch. An der Ostküste sind die Dialekte mehr vom Italienischen geprägt, im Süden, an der West- und Nordwestküste sowie auf Sardinien
spricht man mehr Französisch. Viele Ortsnamen werden in der korsischen
Schreibweise angegeben. Die Artikel im Korsischen sind „u" (maskulin)
und „a" (feminin).
Die korsische Sprache und ihre Dialekte werden seit einigen Jahren auch
in den Schulen wieder gefördert, so daß auch die Jugend in Kontakt mit
der eigenen Sprache kommt. Nichtsdestotrotz ist man als Tourist mit Fran-
zösischkenntnissen gut bedient. Diese Sprache wird von jedem Korsen
verstanden und — wenn vielleicht manchmal auch widerwillig — gesprochen.

Sprachführer

Es ist sicher von Vorteil, wenn man sich vor der Reise mit einem Grund-
wortschatz der französischen Sprache ausrüstet. Das gibt auch die Möglichkeit, sich mit Einheimischen über das Notwendige hinaus zu unter-
halten.
Die nachfolgende kleine Einführung in die französische Sprache kann
nur zur Auffrischung bereits vorhandener Sprachkenntnisse dienen und
selbstverständlich keinen Sprachkurs ersetzen, zumal die Aussprache ei-

ner gewissen Übung bedarf. Phonetische Angaben nützen meist nur, wenn das Grundprinzip der Aussprache beherrscht wird.

Guten Morgen/Tag! — Bonjour!
Guten Abend! — Bonsoir!
Gute Nacht! — Bonne nuit!
bis bald! — à bientôt!
bis morgen! — à demain!
Auf Wiedersehen! — Au revoir!
Viel Glück! Alles Gute! — Bonne chance!
Angenehme Reise! — Bon voyage!

Herr — Monsieur
Frau/Fräulein — Madame/Mademoiselle
Meine Damen und Herren! — Mesdames et Messieurs!
Herr Doktor — Monsieur le Docteur

Es gilt als sehr formlos, wenn nach dem Gruß oder einer kurzen Antwort wie „ja" oder „nein" nicht ein „Monsieur", „Madame" oder „Mademoiselle" hinzugefügt wird. Bei „Monsieur" und „Madame" wird es zu „Sieur-Dame" zusammengezogen.

Sehr erfreut! — Enchanté!
Wie geht's? — Ça va?
Danke, (recht) gut! — (assez) bien, merci!
Vielen Dank! — Merci beaucoup!
Ich heiße ... — je m'appelle ...
Das ist ... — C'est ...
Mein Mann/Sohn/Freund — mon mari/fils/ami
Meine Frau/Tochter/Freundin — ma femme/fille/mon amie
ja, nein — oui, non
bitte — s'il vous plaît
danke sehr — merci beaucoup
sehr gut! — très bien!
Richtig! — C'est ça!
niemals — jamais
nichts — rien
Nein, danke. — Non, merci.
Ich will (kann) nicht. — Je ne veux (peux) pas.

vielleicht — peut-être
Entschuldigen Sie bitte! — Excusez, s'il vous plaît!
Verzeihung! — Pardon!
ich verstehe nicht — je ne comprends pas
Sprechen Sie Deutsch? — Parlez-vous allemand?
warum, was, wer — pourquoi, quoi, qui
was für...? — quel (quelle)...?
welche(r)? — quel(le)?
wem, mit wem, wen — à qui, avec qui, qui
wie? — comment?
wo, woher, wohin, wozu — où, d'où, où, pourquoi
wo ist...? — où est...?
wieviel — combien
wie lange? — combien de temps?
wann — quand
um wieviel Uhr? — à quelle heure?
Es ist schon spät. — Il est déjà tard.
heute — aujourd'hui
gestern — hier
morgen — demain
morgens — le matin
mittags — à midi
nachmittags — l'après-midi
abends — le soir
Sekunde, Minute, Stunde — seconde, minute, heure
Tag, Woche, Monat, Jahr — jour, semaine, mois, an (année)
Montag, Dienstag, Mittwoch — lundi, mardi, mercredi
Donnerstag, Freitag, Samstag — jeudi, vendredi, samedi
Sonntag — dimanche
Frühling, Sommer — printemps, été
Herbst, Winter — automne, hiver
Wetter — temps
rechts, links — à droite, à gauche
Norden, Süden — nord, sud
Osten, Westen — est, ouest
(das ist) alles — c'est tout
groß, klein — grand, petit
Preis — prix

(zu) teuer — (trop) cher
viel, (ein) wenig — beaucoup, (un) peu
wieviel kostet...? — quel est le prix de...?
mehr, weniger — plus, moins
Haben Sie...? — Avez-vous...?
Kann ich...? — Puis-je...?
Was wünschen Sie? — Que désirez-vous?
Was ist das? — Qu'est-ce que c'est?
Wer ist da? — Qui est là?
Wie heißt...? — Comment s'appelle...?
Wie heißen Sie? — Quel est votre nom?
Geben Sie mir bitte... — Donnez-moi..., s'il vous plaît
Sagen Sie mir bitte... — Dites-moi, s'il vous plaît,...
Ich brauche... — J'ai besoin de...
geöffnet, geschlossen — ouvert, fermé

Hilfe! — Au secours!
Polizei, Unfall — police, accident
Arzt, Krankenwagen — médecin, ambulance
0 zéro / 1 un / 2 deux / 3 trois / 4 quatre / 5 cinq / 6 six / 7 sept / 8 huit
/ 9 neuf / 10 dix / 11 onze / 12 douze / 13 treize / 14 quatorze / 15 quinze
/ 16 seize / 17 dix-sept / 18 dix-huit / 19 dix-neuf / 20 vingt / 21 vingt et
un / 22 vingt-deux / 30 trente / 31 trente et un / 40 quarante / 50 cinquante / 60 soixante / 70 soixante-dix / 71 soixante et onze / 72 soixante-douze
/ 80 quatre-vingts / 90 quatre-vingt-dix / 100 cent / 101 cent un / 110 cent
dix / 200 deux cent / 1000 mille / 2000 deux mille / 1 000 000 un million

Strände

Von den 1000 km Küste auf Korsika eignen sich 300 km als Badestrand,
vom Sand- über Kies- bis hin zum Felsstrand. Speziell an der Ostküste
findet man die kilometerlangen, weißen Feinsandstrände, die von einem
parallel verlaufenden Pinienwaldgürtel begleitet werden. Diese Strände
wechseln ab mit kleinen Felsbadebuchten und Kieselstränden ab, die sich
besonders zum Schnorcheln und Tauchen eignen. Abseits der Orte gibt

---

Die Fischerei hat kaum noch eine wirtschaftliche Bedeutung ▶

es an den Stränden meistens nur kleine Snackbars und keinerlei sanitäre Einrichtungen, deshalb unbedingt entsprechend vorsorgen. Die beliebtesten Badeorte sind u. a. Algajola, Argentella, Calvi, Centuri Port, Ficajola, Galeria, Porto Pollo, Ile-Rousse, Propriano, Cargèse und Sagone. Die Hauptstrände werden in den Sommermonaten von Rettungsschwimmern überwacht.

Stromspannung

Auf Korsika — wie auch auf dem französischen Festland — sind 220 V üblich. Wegen der Unterschiede zwischen den französischen und den deutschen Steckdosensystemen sollte man sich Adapter (adapteur) mitnehmen.

Surfen, Tauchen →*Wasserport*

Taxi

Taxifahren ist auf Korsika etwa so teuer wie in Deutschland. Bei Fahrten mit Taxis ohne Taxameter sollte vorher ein Festpreis vereinbart werden.
→*jeweilige Ortschaften, Praktische Informationen*

Telefonieren

Die öffentlichen Fernsprecher auf Korsika funktionieren mit Telefonkarten (Télécartes). Die Telefonkarten erhält man in den Postämtern, Tabakläden, an SNCF-Schaltern (Bahnschaltern) und anderen Vorverkaufsstellen, die mit einem Telefonaufkleber gekennzeichnet sind. Gebrauchsanweisungen hängen, auch auf deutsch, in allen Telefonhäuschen. 50- und 120- Einheiten-Karten erhält man für 40 FF (13 DM) bzw. 120 FF (40 DM). Die Vorwahlnummern von Korsika in die deutschsprachigen Länder lauten für Deutschland 19-49, Österreich 19-43 und die Schweiz 19-41. Nach der 19 Dauerton abwarten, dann die Landesvorwahl und danach die Ortsvorwahl ohne die 0 und die Anschlußnummer wählen. Die Vorwahl nach Korsika von Deutschland aus lautet 00-33.
Ein einminütiges Telefonat nach Deutschland kostet „normal" 1,50 DM und als „Billigtarif" (zwischen 21.30 und 8 Uhr sowie am Wochenende) etwa 1 DM.

Tiere

Genauso wie die Pflanzenwelt ist auch die Fauna Korsikas sehr bemerkenswert. In der Macchia lebt Niederwild wie Hasen, Kaninchen, Rebhühner, Fasane und Frettchen, aber auch sehr viele Füchse. Vereinzelt trifft man auf kleine Landschildkröten.

Interessant sind die halbwilden Schweine, deren Bestand auf über 25.000 Tiere geschätzt wird. Sie sind eine Kreuzung aus Wildschwein und Hausschwein und in allen Wäldern zu finden. Sie sind groß, muskulös, schnell und oft sehr vorwitzig. So mancher Wanderer wurde in der Nacht von ihnen überrascht, und Radfahrer wissen zu berichten, daß die Schweine es schon mal auf die Reifen abgesehen haben ... Die selteneren echten Wildschweine sind scheuer und daher vor allem nachts aktiv.

Mufflonschafe (ovis musimon coriscosardiniensis) gibt es seit der Römerzeit auf Korsika. Die höchstens 500 Tiere sind im Hochgebirge, etwa bei Bavella oder im Asco-Tal, anzutreffen. Dieser Restbestand ist bedroht durch Jagd und →*Waldbrände*. In den Felsregionen begegnet man häufig Eidechsen und selten Schlangen (Natternarten), die ungiftig sind. In den Flüssen kommen vor allem Aale und Forellen vor *(→Angeln)*, im Meer die üblichen mediterranen Fische und Krustentiere vor. 200 verschiedene Fischarten wurden rund um Korsika gezählt (Aquarium in →*Bonifacio*). An felsigen Badeplätzen ist wegen Seeigeln Vorsicht geboten!

Insekten

Käfer und Schmetterlinge kommen in großer Zahl vor. Endemisch, d. h. nur auf Korsika bzw. Sardinien vorkommend, sind die Schmetterlingsarten *Korsischer Schwalbenschwanz* (papilio hospiton) und der *Korsische Perlmuttfalter* (fabriciana elisae).

Auf Korsika begegnen einem die üblichen Plagegeister wie Mücken und Ameisen. Besonders Camper und Bewohner von Bungalows und Hotelanlagen wissen, wie lästig gerade Ameisen werden können. Essensreste, auch Brot, sollten niemals frei herumliegen, und Abfälle sollte man wirklich sofort beseitigen. Gegen Mücken helfen die üblichen Sprays oder Hausmittel wie z. B. ein Teller Essig. Vorsicht ist vor der — glücklicherweise relativ seltenen — Spinne *Korsische Witwe* geboten.

Jagd

Korsika ist mit Wild reich gesegnet und wird von Jägern nicht zuletzt wegen des Klimas und der schönen Landschaft geschätzt. Die Jagdzeiten sind je nach Tierart unterschiedlich und sollen hier zum Schutz der Berg-

wanderer erwähnt werden. In der Regel dauert die Jagd für Wild vom
1. Sonntag im September bis zum 1. Sonntag im Januar. Wildenten werden bis 15. Februar gejagt, Schnepfen und andere Wasservögel bis Ende Februar, Ringeltauben bis Ende März. Auskünfte bei den Bürgermei-
sterämtern der Ortschaften.

Vögel
Im Herbst und Frühjahr legen viele Zugvögel auf ihrem Weg von Nord-
europa nach Afrika eine Rast auf Korsika ein. Aber auch die heimische
Vogelwelt kann sich sehen lassen: Höhepunkt ist der Korsenkleiber *(sit-
ta whiteheadi)*. Als Greifer kommen Falken, Bussarde, Milane und kleine
Geier vor. Selten sind dagegen Steinadler (im Gebirge) und Fischadler
(Westküste), von denen es jeweils gerade mal zehn Paare geben soll.

Trampen → *Verkehr*

Umweltschutz

70 % der 300 km langen Sandstrände Korsikas sind inzwischen verbaut;
dennoch hat der Tourismus auch seine Vorteile: Um die Landschaft für
die Gäste attraktiv zu erhalten, funktionieren die Müllentsorgung und die
Abwasserbehandlung — für mediterrane Verhältnisse — relativ gut. Trotzdem findet man noch immer Autowracks, Tonnen etc. in der Landschaft.
Flaschencontainer gibt es inzwischen in fast jedem Ort, denen jedoch
bei den vielen Plastik-Getränkeflaschen (besonders Wasser) mehr eine
Alibi-Funktion zukommt. Zudem wird man bei Einkäufen in Supermärkten überreichlich mit Plastiktüten bedacht.
Das natürliche Energiepotential der Sonne könnte noch stärker genutzt
werden; heute sind eine Vielzahl von Berghütten sowie Straßenlaternen
in einsamen Gegenden wie dem → *Cap Corse* mit Solaranlagen ausge-
stattet.
Auch Gäste können ihren Beitrag zu einer sauberen Umwelt leisten:
— Müll nur in dafür vorgesehene Behälter werfen, auch wenn diese oft-
mals nur nach langer Suche zu finden sind.
— Strom und Wasser maßvoll verwenden.
— Beim Einkauf überflüssige Verpackung meiden.
— Kleinere landestypische Läden den Supermärkten vorziehen.
— Öffentliche Verkehrsmittel oder das Rad benutzen.
Ein guter Ansatz zum Naturschutz ist der → *Naturpark* „Parc Régional
de la Corse".

Unabhängigkeitsbewegung →*Politik*

Unterkunft

Ob Luxusbett im 4-Sterne-Hotel, privates Zimmer, Jugendherberge, Hüttenpritsche, Campingplatz oder freier Himmel am Strand — Korsika bietet Übernachtungsmöglichkeiten für jeden Geschmack und jede Geldbörse.

Feriendörfer: Ca. 50 Feriendörfer bieten vielfältige Aufenthaltsmöglichkeiten auf Vollpensions- oder Selbstverpflegungsbasis an. Sportliche und kulturelle Veranstaltungen sowie ein vielseitiges Animationsprogramm werden organisiert. Einige dieser Dörfer werden speziell für FKK-Freunde angeboten. Die Agence Régionale du Tourisme et des Loisirs (ARTL) gibt jährlich ein aktuelles Verzeichnis heraus. →*FKK*

Ferien auf dem Lande: Wer nicht unbedingt vom Bett an den Strand hüpfen will, der sollte sich ein Zimmer auf dem Bauernhof oder auch ein Ferienhaus auf dem Land nehmen. Es werden folgende Möglichkeiten angeboten:

1. Gîtes Ruraux: Hierbei handelt es sich um komplett eingerichtete Ferienhäuser auf dem Land, meistens um Bauernhöfe. Jedes Haus entspricht der Klassifikation der „Charte des Gîtes de France" und wird statt mit Sternen wie bei den Hotels mit Ähren (1, 2, oder 3) eingestuft. Die Häuser werden wochenweise vermietet.

2. Fremdenzimmer: Es gibt auch Privatunterkünfte auf Bauernhöfen, die mit Frühstück angeboten werden. Auch Einzelübernachtungen sind möglich, deshalb sind sie besonders für Wanderer geeignet. Reservierungen und Infos bei: G.I.E. Loisirs Accueil Région Corse, 24, bd. Paoli, 20000 Ajaccio, Tel. 95.22.70.79.

Gasthäuser auf dem Land: Eine spezielle „Schlemmerrundreise" wird durch das Landesinnere auf der „Route der Gasthäuser" über sechs ausgesuchte Häuser angeboten. Die Strecke führt über Pianottoli ins Gasthaus „U Spartanu", nach Quenza ins „Sole e Monti", nach Vezzani ins „U Sambuccu", weiter nach Corte ins „La Restonica", danach ins malerische Rogliano in die „Auberge di Magna" und weiter nach Pioggiola ins Gasthaus „L'Aghjola" und endet schließlich in Evisa im „L'Aitone". Informationen und Preise über: Chez Mr. Jean Massiani, 20 cours Général Leclerc, 20000 Ajaccio, Tel. 95.51.07.29 oder 95.21.67.87.

→*Hotels, Hütten, Jugendherbergen*

Venaco

Etwa 12 km südlich von Corte erreicht man das zu Füßen des Monte Rotondo und des Monte Cardo gelegene Bergdörfchen Venaco (750 Einw.), das ein guter Ausgangspunkt für Wander- und Bergtouren ist.

Venaco / **Praktische Informationen**

Bahnhof: Tel. 95.47.01.32.

Hotels

Preis pro Tag und Zimmer zwischen 30 und 65 DM:
„Du Torrent", Tel. 95.47.00.18; 39 Zimmer, Restaurant.
„Au Petit Bosquet", Tel. 95.47.00.11; 28 Zimmer, gutes Restaurant.
Preis pro Tag und Zimmer zwischen 70 und 100 DM:
„E Caselle", Tel. 95.47.02.01; 47 Zimmer, komfortables 3-Sterne-Haus, beliebt und bekannt bei den Einheimischen .

Reiten: Mlle. Sabrina Marcelli, Centre de Randonnées Equestres de Venaco, Tel. 95.47.06.58.

Veranstaltungen

Ostern: Karfreitagsprozessionen, z. B. in Sartène, Cargèse, Bastia.
April/Mai: Autorallye von Ajaccio nach Bastia.
14.7.: Französischer Nationalfeiertag.
Juli: Festival klassischer Musik „Alegru" in Aleria.
15.8.: Napoleons Geburtstag, Feuerwerk in Calvi.
8.-10.9.: Fest der Santa de Niolo.
→*Feiertage und Feste*

Verkehr

Wer nur auf öffentliche Verkehrsmittel angewiesen ist, wird größere Entfernungen kaum an einem Tag zurücklegen können — wegen der schlechten Verbindungen. Das Trampen ist auf Korsika ein Lotteriespiel mit geringen „Gewinnchancen". An Hauptreisetagen (samstags), in der Hochsaison und an den Hauptverkehrsstraßen sind sie besonders groß — dennoch sind Wartezeiten von über einer Stunde keine Seltenheit.

Versicherungen

Eine Reiseversicherung, die Haftpflicht, Diebstahl und Krankheitsfälle abdeckt, ist erschwinglich (ca. 55 DM pro Person) und unbedingt zu empfehlen. Autofahrer sollten an entsprechende Schutzbriefe denken und eventuell für die Zeit der Reise eine Vollkaskoversicherung abschließen, da viele Fahrzeuge im Ausland unterversichert sind. Die Reisebüros beraten und verkaufen Versicherungspolicen.

Verwaltung

Verwaltungstechnisch ist Korsika in zwei Départements (= Bezirke) aufgeteilt: *Haute Corse* mit Bastia und *Corse du Sud* mit Ajaccio als Hauptstadt.
→*Politik*

Vivario

Vivario liegt an der Bahnlinie — in Hanglage — zwischen →*Venaco* und →*Vizzavona*. Sehenswert sind der *Brunnen* mit der Diana-Statue sowie die *Ruine* einer genuesischen Festung nahe der Bahnlinie. 2 km nördlich von Vivario hat man — vom Auto aus — einen grandiosen Blick auf die *Vecchio-Brücke* und ein *Eisenbahn-Viadukt*.
Von Vivario aus gelangt man zu Fuß in zwei Stunden durch das Tal des Manganello in ein wahres Paradies: Umrahmt von hohen Gipfeln und Wäldern liegt auf einer Alm die *Bergerie de Tolla* (1010 m), die am Fernwanderweg GR 20 liegt. Gemüsegarten, Apfelbäume und zahlreiche Tiere sind hier anzutreffen. Ein Segen für Wanderer: Bei der bewirtschafteten Bergerie bekommt man frisch aufgebrühten Pfefferminztee aus selbstgetrockneter Pfefferminze, Kaffee, Omelett, Wein, Tomatensalat (20 FF), Kastanienkuchen (6 FF), Käse und Brot.

Vivario / **Praktische Informationen**

Bahnhof: Liegt etwa 1 km außerhalb Richtung Norden.
Einkaufen: Mehrere Läden in der Ortsmitte.
Hotels
„Macchia e Monti", Tel. 95.47.20.92 mit 8 Betten und „Mont d'Oro, Tel. 95.47.21.06 mit 46 Betten.
Information: Mairie, 20219 Vivario.

Vizzavona

Dieses Dorf liegt im Landesinneren am Fernwanderweg GR 20 (→*Bergwandern)* und der Bahnlinie Bastia — Ajaccio. Es gibt nur wenige Häuser, darunter aber ein Hotel, ein Café und ein Laden (wichtig für Wanderer!) vorhanden. Von Vizzavona aus läßt sich der Mont d'Oro (2389 m) in gut drei Stunden besteigen.

Zu den bekannten *Cascades des Anglais* gelangt man in rund 40 Minuten auf dem GR 20 in Richtung Norden. Diese beliebten →*Kaskaden* (natürlich mit dem obligatorischen Kiosk) sind gerade im Sommer ein beliebtes Ausflugsziel.

Vizzavona / **Praktische Informationen**

Bahnhof: Tel. 95.47.20.13.
Einkaufen: Kleines Lebensmittelgeschäft am Bahnhof.
Hotel: „Moderne", Tel. 95.47.21.12, am Bahnhof.
Eine einfache und relativ preiswerte Übernachtungsmöglichkeit, besonders für Bergwanderer, ist „De la Gare", Tel. 95.47.21.19.
Information: Mairie, 20219 Vivario.

Währung →*Geld*

Wald

Wälder — dazu gehören auf Korsika fast immer die Lariccio-Kiefern (Schwarzkiefer), wilde Bäche und →*Flüsse* sowie Wasserfälle *(→Kaskaden)*. Ein Drittel Korsikas, etwa 252 000 ha, wird von Wald bedeckt. Dabei kommt die Lariccio-Kiefer mit 26 % aller Bäume am häufigsten vor; es folgen die Steineiche (querus ilex: 22 %), die Seestrandkiefer (pinus pinaster: 20 %), die Buche (18 %) und die Korkeiche (quercus suber: 5 %) →*Pflanzen*.

Die bekanntesten Wälder Korsikas (Reihenfolge nach Größe):

Name	Lage	Bemerkung
Forêt de Valdu-Niellu	Evisa — Calacuccia	größter Wald (5000 ha)
Forêt de Tartagine	südlich der Balagne	Eichen, Lariccio-Kiefern
Forêt d'Aitone	Evisa — Col de Verghio	angeblich schönster Wald
Forêt de Bavella	Zonza — Solenzara	Nadelwald, teilweise verbrannt
Forêt de l'Ospedale	Zonza — Porto-Vecchio	Lariccio-Kiefern, Felsen

Waldbrände

Waldbrände sind auf Korsika an der Tagesordnung, mal verursacht durch Brandstiftung mal durch Unachtsamkeit, z. B. Glasscherben oder achtlos weggeworfene Zigarettenkippen. Die Feuerwehr — ausgerüstet mit Flugzeugen zur Brandbekämpfung — steht den vielen Bränden oft hilflos gegenüber.

Jährlich gehen etwa 1000 ha Macchia durch Brände verloren; derartige Reste sind z. B. entlang des Wanderweges „GR 20" bei der Südetappe nahe Conca nicht zu übersehen (zahlreiche verkohlte Baumstümpfe). Ein verbranntes Stück Macchia benötigt etwa acht bis zehn Jahre, um sich zu regenerieren. Verheerende Auswirkungen hatte z. B. der Brand im September 1992 im östlichen Korsika: An über 100 Stellen wurde gleichzeitig Feuer entfacht, das der böige Westwind schnell verbreitete. Die Spuren werden u. a. bei →*Aléria* und →*Corte* noch lange zu erkennen sein.

Wandern →*Bergwandern*
Wasserfälle →*Kaskaden*

Wassersport

Die 1000 km lange Küste bietet in gutausgerüsteten Häfen (Marinas) Liegeplätze für fast 3500 Schiffe. Segel-, Surf-, Wasserski- und Tauchschulen sind in fast allen größeren Badeorten anzutreffen.

Tauchen

Für Taucher ist besonders die felsige Westküste interessant, aber auch die Kreidefelsen bei Bonifacio. Die Sicht beträgt hier bis zu 30 m. Tauchschulen gibt es in Ajaccio, Bastia, Bonifacio, Calvi, Ile-Rousse und Porto-Vecchio. Als Paradies für Taucher gilt auch die Ortschaft Tizzano.

Surfen

Leider ist gerade die Hochsaison durch relative Windarmut gekennzeichnet. So ist die Ostküste bei Windstärken bis zu 4 für Könner nicht besonders reizvoll. Als Surf-Eldorados gelten dagegen die Westküste sowie die „Ecken" Korsikas, z. B. Bonifacio. Die beste Zeit für Surfer sind das Frühjahr und der Herbst.

Wein und Winzer

Einige Jahrhunderte vor Christus führten die Griechen und die Römer den Weinbau auf Korsika ein. Keiner kann heute mehr nachvollziehen, wo die ersten Rebstöcke standen: Aléria, Ajaccio, Sartène oder Patrimonio? Eines aber ist sicher. Schon damals wurde hervorragender Wein auf der Insel angebaut. Römische Galeeren, die vor der Ostküste versenkt wurden, hatten Amphoren und Fässer korsischen Weines an Bord, um ihn auf dem Festland zu verkaufen.

Heute ist das Weinanbaugebiet der Insel insgesamt 20.000 ha groß. Traditionelle Gebiete mit einem hohen Prozentsatz an einheimischen Rebsorten bringen heute Korsikas Qualitätsweine der Appellation-Contrôlée-Klasse (A.O.C.) hervor, z. B. an den Rebhängen von Ajaccio, Patrimonio, Porto-Vecchio, Sartène, Figari, des Cap Corse und der Balagne. Daneben gibt es die Appellation Régionale A.O.C. Vin de Corse, die die Weinberge auf den Hängen des Golo und an der Ostküste einschließt und die erst nach strenger Kontrolle und strikten Auswahlkriterien vergeben wird. Genossenschaftliche oder private Weinkeller, die mit modernster Technik ausgerüstet sind, treiben den Weinbau voran. Die Auszeichnungen, die bei nationalen und internationalen Wettbewerben regelmäßig erzielt werden, die positive Aufnahme der Verbraucher und das europaweite Interesse ermutigen zu weiterer Expansion im Weinbau.

Die Winzer und ihre Berufsverbände haben Routen ausgearbeitet, die die Besucher zu den besten Weinbaugebieten Korsikas führen und gleichzeitig landschaftlich reizvolle Rundreisen sind. Ein kostenloses Infoblatt über diese Routen gibt es bei den Winzern.

Wetter

Wind: Am häufigsten weht auf Korsika der „Libeccio", ein mäßiger bis starker West- bis Südwestwind. Er ist angenehm warm und läßt auf Regen schließen. Der „Mistral", ein Nordwestwind aus dem Rhône-Tal, verheißt klares Wetter. Der „Levante", ein warmer und feuchter Ostwind bewirkt schwüles Klima. „Scirocco" — das ist ein trockener und heißer Südostwind aus Afrika. Er bringt nicht selten Wüstenstaub mit, oder er ist feuchtheiß, was zu heftigen Gewitterstürmen führen kann. Der „Gregale" weht von den Apenninen, also aus nordöstlicher Richtung — besonders im Frühling und Herbst. Der „Muntese" ist ein lokaler Bergwind, der im Landesinneren abends ins Tal weht. Der „Mezzioma" ist der tagsüber wehende Seewind, während der „Terranu" abends vom Land her zu wehen beginnt, wenn sich die Luft über dem Land abkühlt.

Regen: Der Monat mit den meisten Niederschlägen ist der November. Mit 900 mm/qm liegt der Durchschnitt weit höher als auf dem französischen Festland. Für Niederschläge gilt auf der Insel, daß es im Landesinnern mehr regnet als an den Küsten, im Norden mehr als im Süden und an der Westküste mehr als an der Ostküste. Vorsicht beim Fahren ist besonders bei leichtem Regen geboten: Die geringen Wassermengen waschen die Straßen nicht sauber, und so werden Ölreste und der Straßenstaub zusammen mit wenigen Regentropfen zur spiegelglatten Falle.

Vorhersage: Wettervorhersagen sind für Bergsteiger und Wanderer mindestens ebenso wichtig wie für Wassersportler. Aktuelle Auskünfte erteilen die Wetterdienste in Ajaccio (Tel. 95.20.12.21), in Bastia (Tel. 95.36.05.96) und in Calvi (Tel. 95.65.01.35). Zweimal täglich werden Wetterkarten in folgenden Hafenmeistereien ausgehängt: Ajaccio Citadelle, Ajaccio Amiraute, Bonifacio, Maginaggio, Calvi. In Zweifelsfällen sollte man auf die Wettervorhersagen der Einheimischen hören und keine waghalsigen Experimente bei scheinbar stabilem Wetter unternehmen.
→*Klima*

Wirtschaft

Korsika lebt im wesentlichen von der Landwirtschaft und dem Tourismus. Ein traditionelles →*Handwerk* ist die Verarbeitung von Kastanienholz zu allerlei Gebrauchsgegenständen, besonders in der →*Castagniccia*. Fischerei und Industrie haben keine große Bedeutung. Korsika wird mit seiner Arbeitslosigkeit von 20 % auch als „Armenhaus" Frankreichs bezeichnet.

Landwirtschaft

Fast die Hälfte der Bevölkerung arbeitet in der Viehzucht, der Imkerei, dem Obst- und Weinbau sowie der Fischerei. An Obst werden hauptsächlich Äpfel, Kirschen, Pflaumen sowie Zitrusfrüchte und an Getreide, Gerste, Roggen und Hafer kultiviert. Oliven und Eßkastanien baut man nur für den Eigenbedarf an. Die Hauptanbaugebiete für korsische Weine sind das Cap Corse und das Nebbio. Nennenswert ist auch die Korkproduktion, speziell in der Gegend um Porto-Vecchio. Die Viehzucht in Form einer extensiven Weidewirtschaft hat vor dem Nutzpflanzenanbau die größte wirtschaftliche Bedeutung, wobei hier die Schafe an erster Stelle stehen. Es folgen Ziegen, Schweine und Rinder, die durch die Züchtung einer neuen Rasse immer mehr an Wichtigkeit gewinnen.

Die Bekämpfung der Anopheles-Mücke mit DDT, die die Malaria überträgt, an der Ostküste (praktiziert von den Amerikanern im Zweiten Weltkrieg) und Eukalyptus-Bäume *(→Pflanzen)* ermöglichte die Bewirtschaftung der sumpfigen Ostküste, z. B. mit Weinbau. 16.000 ehemalige französische Kolonisten aus Nordafrika erhielten Land und Fördermittel auf Korsika, womit sie sich den Neid der Korsen zuzogen.

Fremdenverkehr

30 % aller Einnahmen Korsikas stammen aus dem Tourismus — kein Wunder bei 25 Millionen Übernachtungen im Jahr (die meisten auf Campingplätzen). Jährlich wird Korsika von 1,5 Millionen Touristen „heimgesucht", d. h. auf einen Einwohner kommen sechs Gäste. Die meisten sind Franzosen (60 %), während Italiener und Deutsche mit je 15 % an zweiter Stelle stehen.

Von den Einnahmen durch die Gäste bleiben nur 50 % auf der Insel, da viele Investitionen von Festlandfranzosen stammen.

Wohnwagen

Wohnwagen und Campmobile können über deutsche Reisebüros oder auch den ADAC in Korsika angemietet werden. Direktbuchung über „Routes Insolites", route de Bastia, 20220 Ile-Rousse, Tel. 95.60.16.01. Die Anmietung ist nur wochenweise möglich. Preisbeispiel: Ford-Transit-Camper, 2-4 Personen; pro Woche ca. 1200 DM, inkl. Kilometer, plus Versicherungen.

Zeitungen

Tageszeitungen der europäischen Nachbarn werden in Buchhandlungen und anderen Pressevertriebsstellen größerer Orte angeboten — oft allerdings mit ein- bis mehrtägiger Verspätung (bis zu sechs Tagen). Korsische Zeitungen, die täglich erscheinen, sind die rechtsliberale „Corse Matin" (Auflage 35 000) und die eher linksliberale „La Corse" (Auflage 12 000). Die Illustrierte „KYRN", die wöchentlich auf französisch erscheint, veröffentlicht ein informatives Veranstaltungsprogramm der gesamten Insel und touristische Infos.

Zoll

Bis zu einem Warenwert von 780 DM dürfen Gegenstände zollfrei innerhalb der EG aus Frankreich ausgeführt werden. Darunter fallen auch in

Frankreich gekaufte und benutzte Artikel wie z. B. Kleidungsstücke. Innerhalb der EG dürfen Personen über 17 Jahren nach Deutschland mitbringen: 300 Zigaretten oder 150 Zigarillos oder 75 Zigarren oder 400 g Tabak sowie 1,5 l Spirituosen über 22 Prozent, 3 l unter 22 Prozent, 3 l Likörwein oder Schaumwein, 5 l sonstigen Wein. Wein darf innerhalb der EG bis zu einem Wert von 800 DM ausgeführt werden. Die Kaufquittungen sollten aufgehoben werden, dann wird am Zoll lediglich eine Art landwirtschaftliche Ausgleichsabgabe von 10-20 Pfennig je Liter erhoben. Für Personen über 15 Jahren sind zollfrei: 1 Kilo Kaffee-Extrakt sowie 200 g Tee und 60 g Tee-Extrakt. Parfüm ist bis 75 g und Eau de Toilette bis 0,375 l zollfrei. Für die Einreise von Haustieren gelten auf Korsika strenge Quarantänebestimmungen.